Die Intelligenz der Träume

Anne Dufourmantelle

Die Intelligenz der Träume

Phantasmen, Erscheinungen, Inspiration

Aus dem Französischen von
Luzia Gast

DIAPHANES

Inhalt

A quien sabe lo que pueden los sueños
– Wer weiß schon, was Träume bewirken können

I.

Die Träume

Der Mensch, dieser unverbesserliche Träumer
André Breton, *Erstes Manifest des Surrealismus*

Der Traum ist der Ursprung der Schöpfung, aber er ist nicht die Schöpfung. Es braucht eine Wandlung.
Jean Gillibert, *Interviews*

In Gegenwart des Traums

Wir glauben, dass wir außerhalb unserer Träumen leben, aber gehen wir einmal vom Gegenteil aus: Wir haben sie nie verlassen, unsere Träume wachen über uns.

Der Traum ist reiner Verstand, pure Intelligenz. Mensch sein heißt nicht zuletzt, sich in jenen neuartigen Weltbezug einzunisten, der uns im Traum widerfährt. Wir sollten lernen anzuerkennen, dass der Traum nicht nur die geheime Chiffre unserer Sehnsucht ist, sondern dass er, in Übereinstimmung mit dem Realen, in der Nacht unserer Sinne unser Sein bestimmt.

Der Traum vermag unendlich viel: Er repariert, erinnert, prophezeit, er hört zu, warnt, terrorisiert, besänftigt, enthüllt, befreit. Und er erlaubt uns zu vergessen.

Der Traum ist eine einzigartige Weise der Vergegenwärtigung. Was er an lebenden und toten Wesen, Tieren, Gegenständen, Lichtern und Räumen in uns hinterlässt, gleicht der Kraft einer Offenbarung. Die Frage ist, ob wir diese Kraft aufzunehmen vermögen, ob wir eine Beziehung zum geträumten Rätsel der Welt aufbauen können, ob wir zulassen, wozu der Genius des Traums uns aufruft: uns bekehren zu lassen.

Du läufst auf einer Düne entlang. Eine riesige Welle am Horizont schiebt sich nach vorn. Es wird Nacht.

Vielleicht träumt man nur, um zu erfahren, was es heißt, ein Überlebender zu sein.

Der Traum schließt den Kreis eines Lebensabschnitts, nur um einen anderen zu eröffnen. Er ist Zeichen dafür, dass etwas *geschieht*. Weder ist er einfach ein Vorbote noch Inhalt einer Verdrängung, die den Fängen der Zensur entkommen ist. Vielmehr trägt er jenen Lebensweg, auf dem wir uns so schwer halten können. Er ist eine Darstellung von etwas, das das Bewusstsein zunächst nur in Bildern auszudrücken vermag … Die Traumwelt ist von dieser aus dem Herzen unserer Wirklichkeit geschöpften Fremdheit geprägt: Diese Landschaft, dieses Haus, diese Person – ja, ich erkenne sie wieder, und doch ist ihr Erscheinungsbild nicht mehr dasselbe. Sie sind zu »Negativen« einer Szene geworden, die von magischen oder schädlichen Lösungen durchtränkt ist, die das Denken entwickeln kann, um in ihnen einen Sinn auszumachen. Wie bei Schöpfern, denen ihr Werk vorausgeht, erscheint der Traum kurz bevor die Verwandlung statt hat, bevor sich die Chrysalide öffnet. Manchmal auf dramatische, manchmal auf wunderbare, aber fast immer auf unheimliche Weise offenbart sich, was in uns präsent zu werden beginnt.

Lässt der Traumverstand unser bewusstes Leben nicht dem Gang eines Blinden auf einer Klippe ähneln? »Warum sollte ich vom Traum-Hinweis nicht noch mehr erwarten als von einem täglich wachsenden Bewusstseinsgrad?«, schreibt Breton im *Ersten Manifest des Surrealismus*, »Kann nicht auch der Traum zur Lösung grundlegender Fragen des Lebens dienen? […] Ich glaube an die künftige Auflösung dieser scheinbar so gegensätzlichen Zustände von Traum und Realität in einer Art absoluter Realität, wenn man so sagen kann: *Surrealität*.«[1] Scheinbar, ja. Man hat gesagt, der Traum sei eine gespenstische Kraft, die eine verbotene Wahrheit wiederherstellt, man hat gesagt, er komme aus Krypten und Gräbern, er entstehe direkt am Grund der Ohnmacht, der Angst, der Grausamkeit und der Scham. Man hat uns glauben lassen, dass seine

Zusammensetzung Auskunft über unsere Leidenschaften und Verbrechen gibt… Seit jeher wird ihm eine Klarsicht zugeschrieben, die uns entweder retten, oder – wer weiß? – in die Irre führen kann. Aber wissen wir überhaupt, in und mit welcher Zeitlichkeit der Traum operiert? Ist er unser Werk oder das Werk nächtlicher Ahnungen?

Der Traum ist ein Ereignis: Er findet statt, und doch ist er unerreichbar. Er spricht von uns, doch bedarf er weder unseres Bewusstseins noch unserer Aufmerksamkeit oder unseres Denkens. Der Traum kommt und vergeht, er lenkt uns vom wachen Leben ab, aber auch vom Schlaf, von seiner lebendigen Tiefe. Er ist diese Flucht, die Dauer einer Nacht, die keine Macht der Welt verhindern kann.

Ein Haus aus deiner Kindheit. Du entdeckst unbekannte Zimmer. An der Schwelle zum letzten steht mit Kreide geschrieben: Segelboot. Die Silben sind durch Leerzeichen getrennt.

Ohne den Traum würden Leben und Tod in eins fallen, weder Raum noch Zeit lassen, das auszusagen, was auf zerbrechliche, aber eindringliche Weise von dorther spricht, wo wir sind, und was uns selbst unbekannt bleibt. Der Traum eröffnet die Möglichkeit einer anderen, vertikalen Zeitlichkeit, die dennoch dieses Leben, diese Zeit durchquert. Was wäre ein Leben, das nicht ein *anderes Leben* in sich bärge?

Wolken kann man nicht bauen und deshalb wird die erträumte Zukunft niemals wahr, sagt Ludwig Wittgenstein. Der Traum ist eine vergangene Zukunft, bei der es nicht darum geht, etwas vorherzusagen, sondern darum, das, was wir für stumm oder für nicht möglich halten, neu zu ordnen, ein Ziel aus einer verlorenen Handlung heraus zu erzählen. Er wirkt in uns ein wenig wie eine

Kraft, manchmal voller Angst und Gewalt, die kommt, um die Vergangenheit aufzutrennen, um sie auf andere Weise bewohnen zu können. Der Traum sagt nicht, was geschehen wird, er eröffnet einen anderen Weg. Wenn ich nicht träume, habe ich keinen Ort in mir, an dem die Zeit sich entfalten kann. Die Zeit ist so etwas wie das Blut des Traums.

Der Traum ist eine Ent-Setzung der Zeitlichkeit, dessen, was seit Kant letztlich die Grenzen begründet, in denen sich die Subjektivität denkt.

Er, der dich ansieht, gleicht dir. Er ist weder feindselig noch wohlwollend. Warum hast du Angst?

Seit langem hat sich die Menschheit in ihren Träumen selbst erdacht – eine lebenswichtige, kulturstiftende Verbindung, eine Erzählung, die ein kollektives Bewusstsein, eine Gemeinschaft zu stiften vermag. Welche Erzählung erlaubt Gemeinschaft? Träume eben; der Versuch, diese zu erhellen, um Spaltung und unterschiedlichen Begierden zu überwinden. Ein Traum ist nicht notwendigerweise an einen einzigen Menschen gerichtet. Er hat dieses Vermögen, geteilt werden zu können – andere als ich könnten ihn geträumt haben. Außerdem scheinen uns die Gegenstände im Traum nie wirklich zu gehören, unsere eigene Identität dort nie gesichert zu sein... Das Thema des Doppelgängers, das in Literatur und Film so präzise durchdekliniert wurde, rührt zweifellos von dieser ursprünglichen Verdopplung des Subjekts im Traum her. Der Traum vereint sowohl im Schrecken wie in der Entzückung. Auch haben wir nicht selten die gleichen Ängste... Wir träumen von Anfängen, von Erfüllungen. Die Armut unserer Träume gibt auch Aufschluss darüber, wo wir stehen...

Einige heute verschwundene Kulturen standen in enger Beziehung zu Träumen, was voraussetzte, dass man sich weder vor dem Tod noch vor der Kindheit fürchtete. Die Weisheitsbücher Oberägyptens, die gelehrten Schriften Mesopotamiens, des alten China, der präkolumbianischen Völker, die indischen Veden, die biblischen Schriften wie heute die Mythen der Aborigines, der Völker Melanesiens und Amazoniens begriffen den Traum als Wiege, in der die Welt ruht. Jene, die wir Schamanen nennen, bewahrten sich eine Nähe zu den Gefilden des Traums, potenziell unendlich in seiner Entfaltung von Bedeutungen, Bildern und Wahrnehmungen, die wir in unseren Breitengraden verloren haben. Das Besondere am Schamanismus ist, dass er ein Gegenüber anruft, das eigentlich nicht mit uns sprechen kann: Gegenstände, Verstorbene, Mächte, Symbole, Tiere…

Ein Pferd steckt bis zum Widerrist im Schnee. Der Schnee fesselt es, es kann nicht mehr vorwärts. Die Wirkung seines Blicks weckt dich. Dein Vater ist am Ende des Krieges in Rom gestorben. Man hat dir gesagt, dass er nicht durch feindlichen Beschuss umgekommen ist, sondern vom Gewicht seines Pferdes erdrückt wurde. Du trägst seinen Vornamen.

Wie verhält es sich mit dem Tier, das träumt, dem Baum, der träumt, dem Stein, der träumt? Jacques Derrida stellte in einem seiner letzten Seminare die Frage nach dem Blick des Tiers. Hat sich die Philosophie – und erst recht die Psychoanalyse – jemals für das Träumen der Tiere interessiert: Wir sind von ihm durchdrungen und wollen zugleich nichts von ihm wissen. Traumgebiete sind ihm sicherlich nicht unbekannt, nur bewahrt es das Geheimnis ihrer Sprache in sich. Es kann seine Träume nicht erzählen. Das Tier, dieser unendliche Träumer, ist unser Rätsel… Und was ist mit uns, was heißt es für uns, dass wir träumende Tiere sind? Als ob ein sprechendes Wesen zu sein bedeutet, sich seine Träume erzählen zu müssen…

Lange wurde der Traum mit der Gabe der Vorsehung in Verbindung gebracht. Er war eine göttliche oder teuflische Prophezeiung, auf jeden Fall eine Botschaft. Ähnlich den Erinnerungen und Sternbildern, den im Sand entzifferten Spuren, dem Vogelflug, der Bahn des Lichts und den Eingeweiden von Opfertieren verkörperte der Traum die Matrix Gottes oder der Natur. Man musste ihn mittels Worten herauslesen, ihm zuhören und ihn teilen, um ihn zu erhellen und den Träumer von der Last, die er darstellte, zu befreien. In gewissem Sinne grenzt der Traum an die Tat, die dazu bestimmt ist, das Trauma aufzudecken… Auch er stellt eine Figur an die Stelle des Undarstellbaren; er realisiert ein Drehbuch um die Wahrheit. Er lüftet das Geheimnis.

Eine Frau liegt verletzt am Boden. Sie ruft dich um Hilfe. Du weißt, dass sie sterben wird, wenn du nichts unternimmst. Man reicht dir ein Messer, ein Spielzeugmesser. Einige Wochen später kommst du bei einem Unfall gerade noch mit dem Leben davon.

Voraussagungen erfüllen eine wesentliche Funktion. Sie erhalten die Trennung zwischen der Welt der Lebenden und der Welt der Toten, der göttlichen und der monströsen Welt aufrecht. Sie fordern Fürsprache, Entzifferung, Lektüre. Als habe der Traum in der Geschichte unsere Leidenschaft zur Deutung hervorgerufen. Seit Homer ist er Gegenstand und Träger einer hermeneutischen Tradition. Eben weil er die greifbare Präsenz einer radikalen Andersartigkeit unseres Wesens ist, die doch so wenig mit ihm verbunden ist, konnte man glauben, dass der Traum – neuronal oder spektral, in jedem Fall aber unserem Bewusstsein fremd – sein gänzlich eigenes Leben in uns lebt.

Auf dem Boden sind Blumen verstreut. Wie sie so auf dem Boden liegen, hast du das Gefühl, auf einen lebenden Körper zu treten. Du hörst jemanden zu dir sagen: »Halt! Bleib stehen, sonst verschwindet alles.«

Der Traum gewinnt seine visionäre Kraft durch das Flechtwerk des Tages hindurch. Man kann jemanden in den Wahnsinn treiben, indem man ihn am Träumen hindert; in Folterkammern hat man diese Macht zu nutzen gewusst. Rechtzeitig auf seine Träume zu hören, kann einem auch das Leben retten... Denn der Traum hat eine besondere Beziehung zur Zeit: Er setzt sie außer Kraft, indem er uns Zugang zu einer anderen Zeitlichkeit verschafft. Freud sagt, das Unbewusste sei *zeitlos*, es kenne keine Zeit. Zwischen der Zeit der Erinnerung und dem Traum gibt es keine Entsprechung. Der Traum ist frei von den Bedingtheiten der Zeit, so wie er es in Bezug auf die Sprache, das Begehren, die Vernunft und selbst die Affekte ist. Diese Freiheit ist unvergleichlich und es ist von entscheidender Bedeutung, ihr wieder zu ihrem Recht zu verhelfen. Dazu musste die Psychoanalyse entdecken, dass es die *Triebe* sind, die den Traum durchdringen. Sie entriss die Träume dem Mythos, der sie nur als Vorhersagen oder Beschwörungen, Gebete oder Akte der Befreiung denkt, und begann aus ihnen nicht das Schicksal eines Individuums oder eines Volkes herauszulesen, sondern vielmehr die geheimnisvolle Bahn des Begehrens eines Subjekts, das sich immer wieder entschließt, dieses zu ignorieren.

Frontlinie

Die Grenze des Traums ist eine Frontlinie. Er ist der Bote eines unbekannten Krieges.

Sich auf die Begegnung mit einem Traum einzulassen bedeutet, feindliche Linien zu überqueren, noch bevor man ein Bündnis eingehen kann. Es bedeutet, ein von den Überresten eines totgeschwiegenen Krieges besiedelte Gebiet zu betreten, dessen Echos die gegenwärtige und zukünftige Realität prägen. Dort sind unsere Ängste unser Feind, unsere Zugeständnisse, unsere Verleugnungen, aber auch unsere familiären Bindungen und sozialen Konditionierungen, die ganze uns durchdringende Geschichte. Dieser Krieg ist ein aus dem Bewusstsein des Subjekts verbannter Konflikt, dessen Protagonisten ihm unbekannt sind und dessen Einsatz und Ursache es ignoriert. Der Traum ist ein Akt des Widerstands in diesem Krieg. Er erhellt den Träumer unter Einsatz seines psychischen Lebens, indem er Verbote und Zensurinstanzen umgeht.

Die Suche nach der Wahrheit verläuft entlang dieser Frontlinie. Denn der Traum verschiebt ihre Fragestellung radikal. Er weist auf andere Wege als die, die der Träumer normalerweise in seinem Leben einschlägt: die Gründe, die er für seine Entscheidungen, Wünsche und Befürchtungen angibt. Die Wahrheit ist immer das Schlimmste, das man befürchten muss. Die Offenheit, zu der sie uns aufruft, bringt unsere Alibis, Entschuldigungen und Dummheiten zu Fall: Sie erschreckt uns. Aus eben diesem Grund muss der Albtraum, die Heimsuchung durch den Schrecken, nicht als das Gegenteil der Wahrheit, sondern als ihre direkteste Übersetzung verstanden werden.

Eine Klinge zerteilt das Neugeborene. Eine Menschenmenge um dich herum hindert dich daran, es in die Arme zu nehmen. Das Kind beginnt zu sprechen. Weil es spricht, weißt du, dass es gerettet ist.

Kein menschlicher Traum kommt ohne seinen Übergang zum Erzähltwerden aus. Die Menschlichkeit des Traums liegt darin, dass er zunächst Geschichte, dann literarische Übertragung wird. Dies ist in gewisser Weise eine »Onirographie«. Durch diese verwandeln wir den Traum in eine Geschichte, die uns gehört.

Die Worte, die vom Traum berichten, scheinen ihm fremd zu sein, und doch enthüllen sie den Träumer. Einen Traum zu erzählen, bedeutet in gewissem Sinne, aufs Neue zu träumen. Die Erzählung erfindet eine andere »Traumformel«, selbst wenn man so nah wie möglich an den Bildern bleibt, die man in der Nacht selbst empfunden hat, und der, der sich ihr anvertraut, weiß das... Jede Übersetzung verändert und erfindet den Traum neu, da die ursprüngliche Prägung des Traums als solche ohnehin schon verloren ist. Es gibt keinen Generalschlüssel für einen Traum – so wie der Traum nicht der Schlüssel zu einem Leben ist –, denn sein Gegenstand hat keine *ursprüngliche* Wahrheit. Alles in uns wird unaufhörlich in der Bewegung des Erinnerns neu zusammengesetzt; die Worte, denen wir unseren Traum anvertrauen, werden ihn weder verraten noch gänzlich enthüllen, sie werden ihn zum Teil neu erfinden, und in dieser Verschiebung wird sich das Begehren artikulieren. Es gibt keine intakte Erinnerung, außer vielleicht, wenn uns in einer poetischen Überwältigung ein Moment aus der Kindheit vollkommen wiedergegeben wird.

Der Traum, der in dieser Hinsicht einem Möbiusband ähnelt, ist randlos. Nichts trennt in ihm das Äußere vom Inneren. Er verarbeitet die Ereignisse des Vortags ebenso wie eine tausend Jahre alte Geschichte, er verbindet Erinnerungen mit Gedanken, sedimentierte Gefühle mit äußeren Eindrücken. Die Bruchstücke, an die wir uns nach dem Aufwachen erinnern, bis hin zu den Albträumen, die uns lange Zeit verfolgen, sind Teile eines Puzzles, das wir vervollständigen können oder auch nicht. Und diese minutiöse Arbeit des Verdichtens und Verschiebens erzeugt, wie Freud später feststellte, Sinn, aber nach einem Muster, das für das Bewusstsein nicht so leicht zu entziffern ist. Sie vernäht und zerschneidet entlang genau definierter Linien, die dem rätselhaften Weg des Begehrens folgen.

»Der Traum ist eine Schrift, gar ›ein Werk‹«, schreibt Freuds Freund und Schüler Nicolas Abraham, »und per definitionem war das Werk, das als solches angenommen wurde, dazu bestimmt, stumm und unlesbar zu bleiben. Aber wenn man zuhört, kann es passieren, dass nach und nach einzelne Verse, Strophen oder sogar das ganze Gedicht Gestalt annehmen, sich von ihrem Schöpfer lösen und ihn schließlich zu neuen Werken veranlassen. Das entschlüsselte Gedicht weicht der unaufhörlichen Poesie. Dies ist die Aufgabe der Analyse. Sobald er sich also Gehör verschafft hat, erhebt sich der Dichter und geht anderen Schicksalen entgegen«.[2]

Berkeley, 24. März 1946.
In der Nacht, die der entscheidenden Auseinandersetzung mit Charlotte voranging, hatte ich einen Traum. Im Erwachen hielt ich dessen letzte Worte fest: »Ich bin der Märtyrer des Glücks«.
Theodor W. Adorno.[3]

Der Traum erzeugt eine Fülle von Bildern, von denen einige für lange Zeit in uns nachwirken. Von der Sehnsucht bis zur Angst, vom Stauen bis zum Schrecken symbolisieren sie das gesamte Register der Empfindsamkeit. Das Bild ist ein Geflecht aus Wahrnehmung und Gedanken; was es begrenzt, ist die eigentliche Figuration der Zeit. Der Raum ist neben der Zahl eine der Möglichkeiten, die der Traum nutzt, um Zeit darzustellen. Um ein Ereignis, das sich im Alter von sieben Jahren ereignet hat, oder ein damit verbundenes Gefühl auszudrücken, kann der Traum es auf verschiedene Arten »herstellen«, wie man es von einem Bühnenbildner sagen würde, z.B. indem er das vertraute Haus, in dem der Träumer im Alter von sieben Jahren wohnte, wieder aufleben lässt, oder indem er die Zahl 7 ein- oder mehrmals in der Traumsequenz auftauchen lässt, oder indem er ein Intervall von sieben Takten bezeichnet; die Verbindungen sind unerschöpflich und das Bilderrätsel nie vollständig zu entschlüsseln. Das räumliche Vermögen des Traums ist grenzenlos. Seine Übersetzung von Zeit in Raum ist von einer Kreativität, die oft weit über die Fähigkeiten des Träumers hinausgeht. Man muss ihm daher eine eigene, eigenständige Intelligenz zuerkennen.

Große Träume

Nur wenige von uns erinnern sich wirklich an ihre Träume, wenn überhaupt, dann nur phasenweise. Aber wer ist in seinem Leben nicht schon einmal einem »großen Traum« begegnet, so wie man plötzlich einen stattlichen Besucher erblickt oder einen König im Exil, der von weit her gekommen ist, um einem eine Botschaft zu überbringen?

Was ist ein »großer« Traum? Eine mögliche Wiedergutmachung. Aber auch eine Figuration des Selbst, durch die sich der Träumer der Konfirmation seines Wesens nähert; gewissermaßen eine Begegnung mit sich selbst. So wie bestimmte Texte der Literatur zugehören, weil sie an das Universelle rühren und die Sprache neu erfinden, verarbeiten bestimmte Träume in ihrer besonderen Chemie eine Intensität, einen Bedeutungsreichtum und eine symbolische Kraft, die weit über die alleinige Traumlandschaft des Träumers hinausgehen.

Diese »großen« Träume sind allein deshalb heilsam, weil sie mittels der Erinnerung und der Schilderung, die der Träumer von ihnen gibt, eine Traumwelt ins Bewusstsein bringen, deren Einsicht ihn retten kann. Es ist jedoch denkbar, dass sich die heilende Wirkung in eine böse Kraft voll Hemmung und Angst verwandelt, wenn der Traum ignoriert wird; ebenso wie die dreizehnte Fee aus Dornröschen, die junge Prinzessin mit einem Fluch belegt und sich rächt, weil sie nicht zum königlichen Bankett eingeladen wurde. Seine Fähigkeit zur Heilung, die das Subjekt verkennt, ist eine Funktion, die sich unter anderem in der Analyse offenbart. Der Traum eröffnet uns seine Gegenwart, wenn wir ihm Gastfreundschaft gewähren.

»Ein ungedeuteter *Traum* ist wie ein intimer, aber ungelesener Brief«, heißt es im Talmud. Aber wer will heute noch seine Träume verstehen? Es gibt keine Prüfungen mehr, denen sie unterzogen werden, keine Orte mehr, an denen sie aufgehoben werden könnten. Selbst die Psychoanalyse ist jener Doxa zum Opfer gefallen, der zufolge das Studium des Traums nicht mehr wesentlich, und der »Freigang«, den man ihm gewährt, für den im neurotischen Gefängnis Eingeschlossenen eine Bedrohung zu werden scheint. Sicherlich auch deshalb, weil die Traumforschung auf den ersten Blick weder wirksam zu sein scheint noch direkt zur Linderung der Angst beiträgt. Kurztherapien und andere psychotherapeutische Ratschläge können die unerhörte Kraft der Träume nicht nutzen, ohne zu versuchen diese zu instrumentalisieren. Es ist aber unmöglich, über sie zu verfügen, wir können ihnen nur zuhören... Aber wenn dieses Zuhören wirklich stattfindet, ist die Wirkung seiner Einsicht unvergleichlich... Der Traum ist da, bevor der Körper krank wird, bevor ein Unfall passiert, kurz gesagt, bevor es zu spät ist.

Er lehrt uns, uns der Frontlinie anzunähern, an der der Krieg tobt; ganz besonders dann, wenn der Konflikt hinter einem Frieden verborgen ist, über den sich alle einig zu sein scheinen. Denn in den verborgenen Falten einer latenten Depression, in der zähen Müdigkeit, der weder durch Ruhe noch durch Schlaftabletten beizukommen ist, gibt der Traum nicht nach. Er entblößt die schwelenden Kämpfe, die nagenden Ängste, er legt die Heuchelei der Entsagungen und die gefürchteten Kompromisse der Neurose offen, er entlarvt und verhöhnt unsere Ausflüchte oder verwandelt sie in einen Alptraum. Und doch urteilt der Traum nicht. In seiner übermenschlichen Erhabenheit *sieht* er, ohne zu urteilen. Er zeigt viel mehr auf, als er darstellt. Es ist an uns, ihn zu vernehmen.

Man müsste von diesen Leben sprechen, in denen es keine Träume gibt. Von diesen inneren Zuständen, die Wüsten gleichen, da nichts sie zu berühren scheint. Das rein materielle Leben wirft uns immer wieder aufs Neue zurück auf die sich schwankenden Mauern unserer Phantasmen (Begehren, Inspirationen, Leidenschaft, menschliche oder unmenschliche Objekte). Die platonische Höhle hat sich längst gewandelt, sie hat all die biochemischen Entdeckungen in sich aufgenommen und ihre Nähe zu den virtuellen Welten unserer Zeit entdeckt. Die Schattenbilder entstammen nicht mehr einer reflektierenden Sonne. Es bedarf keines Lichts mehr, denn die Antworten auf unsere Bedürfnisse werden in den dunklen Räumen der Laboratorien hergestellt. Derart standardisiert, wie es – wer weiß – bald auch unsere Träume sein werden. Ist das der Grund, warum wir so verzweifelt an der Idee hängen, dass es irgendwo einen uns ähnlichen Ort – ein Wesen gibt? Es ist eine Geschichte, die mit der Einsamkeit beginnt – und der Notwendigkeit, geliebt zu werden, der Notwendigkeit, die uns verfolgt und uns zwingt, einen Sprung zu wagen, uns Geschichten zu erzählen und die Trauer zu überwinden, anstatt mit dem Tod zu gehen.

Der Schnee hemmt deine Schritte. Die Landschaft ist nicht wiederzuerkennen. Das Licht ist gleichmäßig. Es gibt keine menschlichen Zeichen mehr.

Wie oft erwies sich der Schnee stärker als der Mensch? Wie ein von uns zurückgewiesener Traum in uns bedeckt er alles mit einer tödlichen, unaufhörlichen Sanftheit.

Nichts beschreibt den Eintritt in die Depression besser als ein Traum von solch eisigem Weiß, das von allen unbemerkt wie Schnee fällt und fällt, bis alles spurlos unter einer weißen Masse verschwindet, in der Geräusche, Gerüche und Licht aufgehen. In dem Moment, da der Traum zu Schnee wird, verwandelt sich die Dichte des Erlebten fast augenblicklich in ein Leichentuch. Man grenzt sich ab, um nicht man selbst zu sein, man bleibt außen vor, hält sich unter ständiger Beobachtung, um sich nicht dort zu verlieren, wo man noch kein Bild, keinen Unterbau, kein Gerüst errichtet hat. Man zieht sich mit bloßen Händen über die Erdaufschüttungen und dann wird einem schwindelig. Der Traum beginnt. Der Traum hat die Macht, das Kommende anzukündigen und uns die Mittel an die Hand zu geben, darauf zu reagieren.

Kurze Geschichte der Wunder

Ein Traum ist ein Wunder, ein Gemisch aus Schönheit und Schrecken.

Im Mittelalter waren Wunder jene erstaunlichen Ereignisse, aus denen Legenden entstanden. Im *Rolandslied* zum Beispiel wird die Schlacht als »wunderbar und total« bezeichnet. Vom homerischen Epos bis zu den *Chansons de gestes* und dem Lai der Troubadoure zeugt der Traum von der Möglichkeit einer Beziehung zwischen dem Himmlischen und dem Irdischen. An der Schwelle zu heroischen Tat ist er der Hüter der Erzählung, die über diese berichtet. Man findet sie in *Lancelot du Lac,* aber auch in der *Gralssuche* und gleich zu Beginn der Geschichte von *Tristan und Isolde.* In der mittelalterlichen Literatur bezeugt der Traum den Wert eines Lebens. Er bestätigt die Handlungen der Figuren, ihre Gedanken, ihr Zögern und ihre Ideale. Er ist die Bühne, auf der ihre Zweifel und ihre Zerrissenheit zum Vorschein kommen. Als Echokammer der inneren Stimme öffnet er durch die Legende einen Raum für das Wunderbare, der auch jener des Monströsen ist. Im Rahmen des Epos und seiner Codes zeugt er von der Verletzlichkeit des Helden, den Verheißungen seiner Zukunft und manchmal von seiner Begegnung mit Liebe und Tod. Der Traum erlaubt es, andernfalls verbotene Fragen zu formulieren; weil er nicht von der Wirklichkeit getrennt ist, ermöglicht er übernatürliche Ereignisse, lässt er zu, dass Unerwartetes das Schicksal beugt.

Gründungsgeschichten bedienen sich des Traums. Der *Roman de la Rose* von Guillaume de Lorris und Jean de Meung beginnt mit einem Traum, ebenso wie die *Gött-*

liche Komödie, in der Dante in einer Feuerwolke die Erscheinung Amors sieht, der die nackte Beatrice in einem blutroten Laken trägt. Amor hält Dantes brennendes Herz in der Hand und gibt es Beatrice zu essen, dann steigt er mit ihr in den Himmel auf. In der *Vita Nuova* kreuzt sich die mystische Tradition (die Feuerwolke) mit der höfischen Tradition (die Geschichte vom verzehrten Herzen), während rätselhafte Visionen und Träume das Werk, an dessen Horizont Beatrices Tod steht, mit einer geheimnisvollen Aura versehen. Die *Vita Nuova* besteht aus etwa dreißig Sonetten, die von einer gleichermaßen leidenschaftlichen wie mystischen Glut entfacht sind, zu der der Traum den Zugang, aber nicht den Schlüssel liefert.

Als Träger einer vom Göttlichen inspirierten Vision, als über die Zukunft bestimmende Orakel oder einfache Wahnvorstellungen, die aus einer Schlafstörung entstanden sind, entstammen die Träume ebenso dem Reich der Wunder wie der Wahrheit eines Körpers, dessen Verlangen fleischlich *und* spirituell ist. Mittelalterliche Autoren versuchen, die Erscheinungsformen der obsessiven Liebe zu beschreiben unter denen der erotische Traum eine besondere Stellung einnimmt. In der Fixierung auf das geliebte Objekt ist der höchste Grad der Verfeinerung die Kontrolle des Begehrens. Der erotische Traum erzeugt einen Genuss, der in der Realität für immer verboten ist, indem er die Unerreichbarkeit der Dame aufhebt. Die Dichtung der Troubadoure findet im Traum eine unvergleichliche Süße. Diese »mittelalterliche Phantasmalogie« (Agamben) ist auch bei Dante und Petrarca zu finden. In den Schriften der Renaissance wird die Rolle der Vergöttlichung des Traumidols noch verstärkt, indem diese die göttliche Gestalt der Dame hervorheben, die nach Ansicht von Neuplatonikern wie Marsilio Ficino eines der Modelle des Kosmos ist.

Der Traum leitet uns, belehrt uns, führt uns aber auch in die Irre. Seine Aufgabe ist es, den Leser zu warnen und seiner Lektüre zuvorzukommen, wie ein Zeremonienmeister im Initiationsprozess. Die Überlieferung stammt aus Texten des griechischen und römischen Altertums, speist sich aber auch aus arabischen und sufistischen Quellen der Traumdeutung. Ab dem 5. Jahrhundert wurde der berühmte *Kommentar zu Scipios Traum* zum Leitfaden, anhand dessen das mittelalterliche Denken die Erzählungen der Träume als Werkzeuge der Narration kategorisiert. Macrobius unterscheidet zwischen wahrheitsgetreuen Träumen, symbolischen Träumen (*somnium*), Vorsehungen, in denen beispielsweise Verstorbene erscheinen (*oraculum*) und unbedeutenden Träumen, die körperliche Ursachen haben, oder der Schlaflosigkeit (*insomnium*) entstammen, unordentlichen oder erotischen Träumen... In diesem langen Kommentar werden die verschiedenen Arten von Träumen wie Exemplare seltener Schmetterlinge aufgespießt, ihre blau und gold getupften Flügel mit der Akribie eines Entomologen erfasst. Aber schon Platon bezog sich in seinem *Timaios*[4] auf die Frage der prophetischen Träume und versicherte, dass kein vernünftiger Mensch jemals deren Bilder (*eidola*) betrachten könne, da der gänzlich rationale Teil der Seele keinen Zugang zu den göttlichen Bildern haben könne, auch wenn diese paradoxerweise einen Körper benötigen, um vom Schläfer im Traum wahrgenommen zu werden. Er ist einer der ersten, der verbotene Wünsche mit Träumen in Verbindung bringt und zwischen chimärischen Träumen, Träumen, die den Leidenschaften des Körpers entspringen, und Träumen der Inspiration unterscheidet.[5]

Dies wird von Diotima im *Gastmahl* aufgegriffen, als sie sich an Sokrates wendet: »Gott gesellt sich nicht unmittelbar zu den Menschen, vielmehr vollzieht sich aller Verkehr und alle Zwiesprache der Götter mit den Menschen durch Vermittlung dieses Dämonentums, sei es im Wachen oder im Schlaf«.[6]

Nietzsche erinnert in seiner *Geburt der Tragödie* daran, dass die herrlichen Gestalten der Götter der menschlichen Seele zum ersten Mal im Traum gegenübertreten. Aber in seiner Neuinterpretation der griechischen Tragödie stellt er nicht den Traum der Wirklichkeit gegenüber, sondern die Verbindung von Wirklichkeit (Schein) *und* Traum (Schein des Scheins) dem dionysischen Rausch, der allein den Zugang zum Lebensinstinkt als Entfaltung der Welt ermöglicht. »Wenn«, so erinnert uns Ludwig Binswanger, »in der Odyssee (19, 535-581) im Traume der Penelope, sich ein Adler auf die Gänse stürzt und allen den Garaus macht, so dachten hier weder Dichter noch Leser an subjektive Vorgänge in der Seele der Träumerin, vielmehr weist der Traum hier auf ein äußeres Geschehen hin, nämlich auf die Ermordung der Freier durch Odysseus [...] gemäß der Grundüberzeugung der Griechen, daß das Weltgeschehen durch Moira und Götter zu einem Ganzen geordnet und im voraus genau bestimmt ist.«[7] Die Romantiker, insbesondere der visionäre Jean Paul, aber auch Shelley, Keats oder die Gebrüder Schlegel, werden diese Tradition einer Einheit des Wissens für sich beanspruchen, die die Bereiche des Traumhaften und Phantastischen wieder in die Sphäre der vernunftgeleiteten Welterkenntnis eingliedert. Es ist diese Einheit, auf die Hegel antwortet: »Weil wir nicht mit dem Ganzen in Zusammenhang sind, so träumen wir nur.«[8]

Das Bekenntnis

Weil er zu den ersten persönlichen Erzählungen gehört, von denen uns schriftliche Aufzeichnungen vorliegen, geht der Traum dem Roman voraus, der seinerseits Wirklichkeit und Innerlichkeit miteinander verbindet. Da der Traum jedoch seit jeher auf der »Schattenseite« der Vernunft angesiedelt war, wurde er mit dem Bereich des Selbstbekenntnisses und der Vorsehung in Verbindung gebracht und mit einer von okkulten Kräften durchzogenen erkenntnistheoretischen Dimension ausgestattet. Der Traum bietet in seiner emotionalen Sprengkraft den Unterhändlern der Macht – und somit des Glaubens – ein endlos auszubeutendes Terrain. Doch während man Phantasien in gewisser Weise manipulieren kann, lassen sich Träume nicht ohne weiteres beeinflussen. Bleibt also nichts anderes, als sie zu *Bekenntnissen* zu machen?

Im Jahr 1215 wurde auf dem Vierten Laterankonzil die Beichte zur Pflicht gemacht und jeder Gläubiger dazu verpflichtet, seine Träume zu *bekennen*. Schon seit Augustinus war der Traum mit der autobiographischen Betrachtung verbunden. Mit der Pflicht zum Geständnis wird er zum Beweis für die moralische Redlichkeit des Gläubigen, er gibt Rechenschaft über das subjektive Leben des Träumers in prophetischer wie sühnender Hinsicht. Wenn schon Platon im Traum die Spur einer Scham erkannte, die auf der Erfüllung unerlaubter Wünsche beruht, so eröffnet das Geständnis noch ein anderes Register, nämlich das der Übertragung einer Wahrheit ins Wort, über die Rechenschaft abgelegt werden muss. Dies wirft beiläufig überhaupt die Frage nach der Verantwortlichkeit für die

Traumerzählung auf, nicht nur gegenüber sich selbst, sondern auch in Beziehung zum sozialen Raum, dem man sie unterwerfen möchte. Vor welchem Gericht könnte ein Traum als Anklage- oder Offenbarungszeugnis angeführt werden?

Das beunruhigende »Wunder« des Traums gerät seit der Renaissance in dem Maße in den Hintergrund, in dem die Kunst der Konversation – wenn nicht der Konversion –, Seele und Körper in einen wechselseitigen Austausch zu versetzen, ausgemerzt wird. In dem, was man am Ende des Mittelalters als *dormirveille,* als »Schlafwunder« und »Wachtraum« bezeichnete, wenn sich zwischen Wachen und Schlafen die phantastische Vision mit der Trance und dem Denkvermögen verbinden kann, gelangt der Suchende in einen Zustand einer zweiten Erkenntnis. Die gigantischen Träumer Calderón, Rabelais, Cervantes und Shakespeare haben das gewusst. Doch das ist eine andere Geschichte.

Ein cartesianisches Erbe

Die *Erste Meditation* ist das perfekte Beispiel dafür, wie der Traum bei Descartes Grund zum Zweifeln liefert. In der Beweisführung des radikalen Zweifels figuriert er als eine Bedrohung, die vertraute Unterscheidungen (Realität, Illusion...) ebenso gefährdet wie die bewährtesten Meinungen. Der Traum bei Descartes ist grundlegend mit dem Entstehen des Subjekts verbunden. Er verschiebt die Wahrheit der eigenen Wahrnehmungen der Welt und des eigenen Körpers. Das Subjekt der *Meditationen* kommt aus der Nacht, schlaftrunken, voller Traumbilder, aber auch von der Melancholie durchdrungen, die von diesem Übergang zeugt. Keine Suche nach der Wahrheit, keine Klärung darüber, wer wir sind, die nicht die Prüfung des Traums bestehen müsste. Die letzte *Meditation* spricht von einem besänftigten Traum. Dort findet sich die großartige Bemerkung: »[...] daß meine Träume sich niemals mit allen übrigen Erlebnissen durch das Gedächtnis so verbinden, wie das, was mir im Wachen begegnet«.[9]

Der Traum erzählt das Leben anders als die Erinnerung... Man muss den Traum zu einem ebenso wichtigen Rätsel machen wie das Gedächtnis, beide sind konstituierende Kräfte des Subjekts in der Zeit, der Traum durch die imaginäre Erforschung, das Gedächtnis, durch die Erforschung der Vergangenheit. In einem Brief vom 15. April 1631 an seinen Freund Jean-Louis Guez de Balzac schreibt Descartes aus Amsterdam: »Ich schlafe hier jede Nacht zehn Stunden, ohne dass mich jemals eine Sorge weckt; nachdem der Schlummer meinen Geist lange durch Buchsbaumgehölz, Gärten und verzauberte Paläste spazieren geführt hat, wobei ich alle die in den Fabeln erdachten Vergnügen empfinde, vermenge ich unvermerkt meine Träumereien vom Tage mit denen der Nacht; und wenn ich gewahr werde, wach zu sein, wird meine Zufriedenheit damit nur vollkommener, und meine Sinne nehmen daran teil.«[10] Der Traum ist keine Bedrohung mehr, wenn das wache Subjekt ihn in einer Perspektive der Zufriedenheit begrüßt.

Der böse Geist, der Descartes ans Krankenbett des Zweifels beordert, ist Gründungsfigur eines Bezugs zur Wirklichkeit, der letztlich nicht widernatürlich ist. Er steht in direktem Zusammenhang mit Descartes' Fähigkeit, mit seinen Träumen umzugehen, über sie zu berichten und zu sagen, dass sie die Grundlage für seine Entdeckungen waren. Die Wirklichkeit (*extensio*) wird in ihrem Erscheinungsvermögen und in ihrer Wissenschaftlichkeit gerettet (wie Husserl meisterhaft festhalten wird), wir können die materielle Ausdehnung der Realität bestimmten und so dem Wahn des Traums entgehen, wohl wissend, dass mit dem Zweifel die Erfahrung einer radikalen Selbstentäußerung immer wieder neu geleistet werden muss.

Widersacher

Es war nicht Freuds Entdeckung, dass Träume einen Sinn haben, aber er machte den Traum zum »Königsweg des Unbewussten« und er platzierte ihn wie eine kleine Zeitbombe ins Herz des Vernunftdispositivs. Das hatte vor ihm noch niemand gewagt. Was für ein Verbrechen, das Erbe der Aufklärung anzugreifen, indem man das Bewusstsein zum Gast im eigenen Haus macht, dessen Hausherr in Wirklichkeit nicht nur mächtiger, sondern auch noch besser informiert ist als das Bewusstsein.

Freud und Jung – sein Lieblingsschüler, bevor er ihn verstieß – rivalisierten insbesondere in der Frage des Traums miteinander. Freuds Dualismus, der am Ende seines Lebens mit der zweiten Topik zu einer Art Gnosis wurde, stand in direktem Widerspruch zu Jungs Monismus und dessen Vorstellung, dass der Traum die Matrix einer möglichen Selbstverwirklichung in sich trage. Denn für Jung war der Traum (zusammen mit Wahnvorstellungen, Kunstwerken und Glaubenssätzen) Teil dessen, was er Archetypen nannte; symbolische Entitäten, die das Bewusstsein nicht als solche integrieren kann. Diese Archetypen sind, abhängig von der Gastfreundschaft, die der Träumer ihnen entgegenbringt, und der Wirksamkeit, die sie an den Tag legen, in unseren Träumen erkennbar. Der Traumverlauf erlaubt, wenn er entschlüsselt wird, Rückschlüsse auf die Gefahr der Entfremdung des Träumers oder im Gegenteil auf dessen Fortschritt in Richtung auf das, was Jung »Individuation« nannte.

Jungs grundlegender Einwand gegenüber Freud liegt in der Behauptung eines Wunschziels. Das Jung'sche Selbst, das nicht auf das Ich reduzibel ist, will wachsen – Jung schreibt ihm eine Art inneren Vitalismus zu –, während bei Freud, als Nachfolger Schopenhauers, die Dualität zwischen Todestrieb und Lustprinzip das Subjekt bis in seine archaischsten Wurzeln spaltet. Jung ist der Ansicht, dass der Traum als eine Unterweisung begriffen werden muss, während Freud ihn als verkleidete Erfüllung eines verdrängten Wunsches betrachtet, dessen Ursprung in der Kindheit liegt. »Jeden Morgen«, kommentiert Conrad Stein, »versetzt uns die Schärfe unseres Erwachens wieder inmitten des Hasses, während wir jede Nacht – so wie der Pilz aus seinem Myzel entsteht – aus unserer Vorgeschichte, die dem Wunsch unseres Traumes entspricht, als Traumkind wiedergeboren zu werden.«[11]

Was also, wenn der Traum nicht nur aus der Aufhebung der Verdrängung – nach einem Eingreifen der Zensur – resultierte, sondern einen völlig neuen Sinn darböte? »Die bis ins einzelne durchzuführende Übereinstimmung zwischen den Phänomenen der Zensur und denen der Traumentstellung gibt uns die Berechtigung, ähnliche Bedingungen für beide vorauszusetzen«, schreibt Freud. »Wir dürfen also als die Urheber der Traumgestaltung zwei psychische Mächte (Strömungen, Systeme) im Einzelmenschen annehmen, von denen die eine den durch den Traum zum Ausdruck gebrachten Wunsch bildet, während die andere eine Zensur an diesem Traumwunsch übt und durch diese Zensur eine *Entstellung* seiner Äußerung erzwingt.«[12] Diese Entstellung, die einem Akt des politischen Widerstands gleichkommt, bietet der Traumszene, die unter dem Deckmantel scheinbarer Absurdität tadellos konstruiert ist, die paradoxe Möglichkeit, das zu benennen, was *ist*.

Was entscheidet darüber, ob ein Subjekt gedeiht oder sich selbst zerstört? Die Frage, die diese beiden außergewöhnlichen Männer und ihre Anhänger entzweit hat, ist von entscheidender Bedeutung, denn sie wirft die Frage nach einem »Finalismus« des Bewusstseins in der Tradition eines Darwinismus des Seins auf. Freud scheint zu glauben, der Todestrieb versuche das Subjekt jedes Mal so nah wie möglich an seinen Ursprung zurückzuführen, so wie der Traum uns jede Nacht in dieses Paradies der ersten Kindheit (der prähistorischen Periode bis etwa zum vollendeten dritten Jahr) zurückbringen kann.[13] Sein Pessimismus ist jedoch nie weit von einem Stoizismus der Leidenschaften entfernt. Im Phantasma nach der Auslöschung arbeitet der Todestrieb in unmittelbarer Nachbarschaft zum Traum daran, uns in die Falten eines immer schon verlorenen Ursprungs zurückfallen zu lassen. Freud suchte nach den Überresten der Triebvorstellungen und entdeckte, wie das Bewusstsein in der Lage ist, diese durch den Filter der Sprache umzukodieren. Auf seinem Gebiet bezeugt der Traums also – wie der Witz –, dass das *Es,* selbst wenn es dem Verstehen entzogen ist, nicht aufhört, sich zu Wort zu melden und dem Subjekt eine halluzinatorische Befriedigung zu verschaffen. Dort, wo das *Es* sich durchsetzt, herrscht der Traum.

Ein solches Buch musste man erst einmal wagen: *Die Traumdeutung*! Und der Gewaltstreich von Freuds *Traumdeutung* blieb nicht ohne Echo. Eine ganze Riege herausragender Denker betrachtete sie als Goldgrube und Steinbruch, sie wurde rezipiert, diskutiert und umgemodelt: Ferenczi, Winnicott, Bion, Klein, Lacan, Leclaire, Dolto, Green… Und was machen wir heute daraus?

Der britisch-pakistanische Psychoanalytiker Masud Khan geht davon aus, dass ein in seinem Raum sich realisierender Traum das Risiko eines destruktiven Auslebens im sozialen Raum verringert. Wenn ein Patient keinen Raum für seine Träume hat, weil er nicht träumen oder den Traum nicht kontrollieren kann, wird er versuchen, sein soziales Umfeld und seine realen Beziehungen als Objekte seiner Begierde zu nutzen, um seine Träume im »wirklichen« Leben zu realisieren. Für Khan ist der Traumprozess eine biologische Gegebenheit, während der symbolische Raum, den dieser offen hält, eine Errungenschaft in der Entwicklung des Selbst ist.

»Ein Einzelner«, schreibt Ludwig Binswanger, »wird aus einem nur Selbigen ein Selbst oder ›der‹ Einzelne aus dem Träumer ein Wacher in dem unergründlichen Augenblick, wo er sich entscheidet, nicht nur wissen zu wollen, wie ihm geschieht, sondern auch ›selber‹ einzugreifen in die Bewegung des Geschehens, wo er sich entschließt, in das bald steigende, bald fallende Leben Kontinuierlichkeit hineinzubringen oder Konsequenz. Erst jetzt *macht* er etwas. Was er aber macht, das ist nicht Leben, denn das kann auch der Einzelne nicht machen, sondern Geschichte.«[14]

Sind wir in der Frage der »Traumwissenschaft« heute weiter? Mit der sogenannten Moderne hat die materialistische Auffassung andere Weltanschauungen verdrängt. Die Neurowissenschaften lehren uns, dass das Gehirn lern-, anpassungs-, mutationsfähig ist, es ganze Bereiche eines versehrten Gedächtnisses wiederherstellen oder die Bewegungen des Körpers nach dem Verlust des Sehvermögens wieder neu verorten kann und vieles mehr. Mit solchen Erkenntnissen zur Plastizität des Gehirns korrespondiert die digitale Erforschung mentaler Bilder, d.h. die immer tiefgreifendere Entschlüsselung von Träumen und Wahnvorstellungen. Können diese Berechnungen unserer Träume uns ebenfalls entschlüsseln, wie unser Bewusstsein mit der Wirklichkeit umgeht? Wer zweifelt noch daran, dass unsere Träume eines Tages in den Gleichungen eines *Onirogramms* enthüllt werden, auch wenn Biologen, außer der Messung ihrer »Entladungsaktivität«, bislang keinen Zugang zu den Inhalten von Träumen haben.[15] Wird die Psychoanalyse von den Neurowissenschaften bald in den Rang einer Mythologie gedrängt, wie von der szientistischen Demagogie und der Pharmaindustrie angekündigt? Wird sie weiterhin die Figuren des Begehrens und ihre Verflechtungen mit dem Traum hinterfragen oder wird sie die Aufgabe, uns *vom Traum* zu heilen, den Unterhändlern des künstlichen Schlafs überlassen?

Funktionsweisen des Traums

Das Genie des Details

Ein kleines Kind mit roten Stiefeln erscheint, und du wunderst dich, dass es allein gelassen wurde. Du näherst dich ihm mit deiner Hand, willst es berühren. Du bist jetzt barfuß, die Stadt öffnet sich auf einen reißenden Fluss hin. Vor dir fliegt ein roter Vogel ins Wasser und verschwindet.

Warum *rot*?

Jedes Detail in einem Traum steht für den gesamten Traum. Jedem Element, aus dem er sich zusammensetzt, kommt eine Bedeutung zu, vor allem jenen Fragmenten, die sich nur entfernt auf die Handlung zu beziehen scheinen. Was als das zentrale Motiv des Traums erscheint, ist nicht bedeutsamer als die Farbe eines »kleinen gelben Wandstücks«. Die Maßstäbe von Wert, Dringlichkeit und Größe sind vernachlässigbar. Selbst kleinste Informationen, Zahlen, die wie zufällig genannt werden: Alles ist wichtig. Es ist unmöglich, sie zu klassifizieren oder irgendwie zu sortieren. Es ist auch unmöglich, dem von der Traumsequenz vermittelten Sinn zu vertrauen. Auch in diesem Spiel steckt der liebe Gott im Detail… Die Bruchstücke, deren Unschärfe uns das Gefühl gibt, dass das Wesentliche verloren gegangen ist, reichen an sich schon aus, um sich dem Kern des Traums zu nähern. In der *Traumdeutung* vertritt Freud die Ansicht, dass sich in einem Detail, das mindestens zweimal wiederholt wird, ein Motiv offenbart, das von der Hauptszene in gewisser Weise verschoben wird, das sich tarnt. Jeder tauscht seinen Platz: Der zentrale Kern des Traums verbirgt sich in einem Zeichen, während der Analytiker im Zuhören dazu neigt, von dem absorbiert zu werden, wovon der Traum zu sprechen scheint. In diesem Sinne ähnelt dieses seltsame Ballett – Verschiebung, Verkleidung, Trompe-l'œil – der Art und Weise, wie eine traumatische Szene vom Bewusstsein verdrängt wird und nur einige scheinbar harmlose Fragmente zurückkehren, um das Subjekt heimzusuchen, ohne dass es ihren Ursprung erkennen kann.

Der Traum kann ein hochpräziser Mechanismus sein. Wenn man daran arbeitet, immer wieder einen anderen Blickwinkel einzunehmen, lassen sich seine Losungen auf unterschiedlichste Weise entschlüsseln. Brillante Wortspiele, verwobene Bilder, die wie eine geflochtene Brücke über das Trauma führen, die Ellipse eines halb vergessenen Traums, dessen wiederkehrende Erinnerung genau das aussagt, was der Träumer im Alltag ständig verdrängt. Der Traum lässt nichts aus, aber erzwingt auch nie etwas. Man kann ihn überhören, vor allem aber kann man ihn anhalten, ihn starr werden lassen. Sich an ihn zu erinnern bedeutet bereits, sich in die Gegenwart dessen zu begeben, was uns seit einer Nacht, die wilder war, als wir glauben, in Frage stellt. »In den bestgedeuteten Träumen«, schreibt Freud, »muß man oft eine Stelle im Dunkel lassen, weil man bei der Deutung merkt, daß dort ein Knäuel von Traumgedanken anhebt, der sich nicht entwirren will, aber auch zum Trauminhalt keine weiteren Beiträge geliefert hat. *Dies ist dann der Nabel des Traums, die Stelle, an der er dem Unerkannten aufsitzt.*[16]

Die Inversion

Eine der Funktionsweisen des Traums, die Freud erkannte und beschrieb, ist die Umkehrung. Wie bei *Alice im Wunderland* funktioniert der Traum nach einer Logik, in der sich alles umkehren kann: Hass in Liebe, Suche in Flucht, Verfolgung in Begierde usw. Diese Fähigkeit des Traums, eine Handlung (von passiv zu aktiv und umgekehrt) den Charakter einer Figur (vom Wohltäter zum Täter), aber auch einen Gegenstand oder ein Körperteil (Lust in Ekel) usw. umzuwandeln, ist entscheidend, sowohl für die Zensur, die auf diese Weise ohne Wissen des Bewusstseins wirken kann, als auch für den Verstand, der sich darin entfaltet. Wo wir eine Situation in völliger Hilflosigkeit ertragen, verleiht uns der Traum eine magische Kraft, um uns daraus zu befreien, zeigt er uns einen Ausweg auf. Wo uns eine Person reizend erscheint, weist der Traum auf ihre Schattenseiten hin, z.B. auf ihre Neigung zu Eifersucht oder Neid. Und diese Umkehrungen können sich subtil verzweigen, verschiedene Register ziehen und eine Situation radikal verändern, so dass sie uns in einem ganz anderen Licht erscheint – es liegt an uns, sie zu erkennen.

Der Traum scheint den Verfahrensweisen der Neurose zu folgen, aber er verschiebt sie, er treibt sie an die Grenze und kehrt sie um. Der Traum findet neue Lösungen für alte Probleme, d.h. für die todbringenden Figuren der Wiederholung. Er verzerrt die dem Bewusstsein zur Verfügung stehende gegebene Wirklichkeit (eine Erinnerung, ein Wunsch, ein Plan), indem er in ihnen eine andere Wahrheit ans Licht bringt. Es ist der Vexierspiegel, der die Wahrheit sagt. In dieser Hinsicht geht Lewis Carroll weiter als Kant. Wenn die praktische Vernunft nicht die Gewalt berücksichtigt, die einem Trieb bis zu seinem Umschlagpunkt treiben kann, wird sie ebenso wenig in der Lage sein, die Muster der Wiederholung zu erfassen wie das, was die Grundlage ihrer Notwendigkeit (insbesondere eines wiederholt erlittenen oder verübten Bösen) ausmacht. Indem der Traum alle Codes umkehrt, aus denen sich unser Bild der Welt zusammensetzt, schafft er es, auf quijoteske Weise den Wunsch zu enthüllen, der uns insgeheim trägt und unser Leben stärkt.

Was, wenn in dieser Logik der Umkehrung selbst die Zensur noch die Dienerin einer Enthüllung wäre? In diesem Fall würde sie nicht den Zugang zu einer vergangenen verdrängten Wahrheit versperren, sondern den Zwecken einer andauernden Entstellung dienen. Das träumende Subjekt ist ein gefährliches Individuum, das der Autorität des Gewissens unterstellt werden muss. Denn der Traum ist ein subversiver Informationsprozess, der dem Todestrieb entgegensteht und den der Betroffene vernehmen kann oder auch nicht. Er kann ihn erhören oder ignorieren. Ein Traum kann ein Leben verändern. Die von ihm entfaltete Intelligenz entsteht nicht nur aus den Tiefen verkannter Wünsche, sondern auch aus den Höhen eines Wissens über die Wirklichkeit, die uns vorausgeht und uns übersteigt.

Der Träger der Konversion

Der Traum ist das kinetische Double unseres In-der-Welt-Seins. Er assistiert unserer Gegenwart, indem er dem Bewusstsein abwechselnd das eröffnet und entzieht, was *gerade* im Begriff ist zu geschehen und dessen Entstehung und Bewegung wir so schwer begreifen können. Nur er vermag unsere Zerbrechlichkeit an ihrem Brennpunkt zum Ausdruck zu bringen, wo sie sich in magische Macht, Stärke und Freiheit wendet. Der Wunsch, dem eigenen fleischlichen Körper zu entfliehen, bereitet den Boden für den Traum, der eine neuartige Fähigkeit ankündigt, »aufzusteigen«. Der Traum verleiht Flügel. In ihm kann man sich verwandeln. Die Identität des Träumers ist vielfältig und nicht abgeschlossen. Es ist diese Fähigkeit zur Metamorphose, die in ihren Verästelungen Lösungen für unsere Hemmnisse anbietet. Doch der Traum fliegt gerade wegen unserer Abgründe. Auch wenn er uns die Frage nach dem Bösen nicht erspart, so ist seine Amoralität nicht ohne Ethik. Aber ist das Böse, von dem wir träumen, auch das unsere? Wie die Träume von Tyrannen, Mördern, Vergewaltigern verstehen? Er erinnert uns stets von neuem daran, dass Grausamkeit an eben jener Stelle entstehen kann, wo unsere Verletzlichkeit verleugnet wird.

Unsere Verantwortung besteht in der Sorge um unsere *Fähigkeit zu träumen* – so, wie wir beten oder ohne Sauerstoff einen Achttausender besteigen können. Diese Fähigkeit ist eine Existenzweise in der Welt, deren Richtungswert aktiv oder passiv ist, je nachdem, wie wir uns ihrer bemächtigen und uns mit ihr auseinandersetzen. Eben weil er keine imaginäre Lösung für das Verdrängte ist, sondern eine echte Dynamik im Deleuze'schen Sinne des Wortes, übersetzt »der Geistesblitz des Traums« eine Wirklichkeit in Bilder und Worte, für die wir einzustehen haben.

Der Traum drückt vom empfindsamsten Rand unseres Verlangens her aus, was gerade im Entstehen begriffen ist, aber vor allem trägt er *in sich selbst* die Kraft der Verwandlung, ist er ein Träger der Konversion. Deshalb erhebt er uns. Die Indigenen, deren Initiationsriten den Traum ernst nehmen und die Reise in diese Gebiete für eine der gefährlichsten halten, wissen das.

Ein Periodensystem

Du wirst verfolgt, du versuchst zu entkommen und plötzlich spürst du, wie der Boden weicht, du steigst hinauf, du fliegst.

Man wünschte sich, man könnte, wie in der Chemie, ein Periodensystem des Traums aufstellen. Und sagen:

Dass das – aus Meeren, Flüssen oder Gebirgsseen sich speisende – Wasser der Träume die Urmutter ist, in der wir vor unserer Geburt »badeten« und die für uns die erste Erscheinung der Welt war.

Dass das Tier das in uns lebende Triebwesen ist, das in uns seine Spuren hinterlässt.

Dass wir immer noch jenes Kind sind, dessen Anwesenheit im Traum unser Verlassensein anklagt.

Dass derjenige, der uns im Albtraum mit einem Dolch in der Hand verfolgt, das umgekehrte Gesicht unserer eigenen Mordlust ist.

Dass der Fremde, mit dem wir eine atemberaubend freie Erotik teilen, vielleicht der engste Freund ist, dessen Begehren wir uns selbst verschweigen.

Dass die in einen Traum übertragene Flugangst einen anderen, verbotenen *Verkehr* evoziert, dass der Schrecken dem Verlangen am nächsten kommt.

Dass alle Räume, in denen wir im Traum Zuflucht finden, Spiegelbilder unserer fleischlichen Hülle sind, und der Art und Weise, wie wir mit unserem Körper umgehen.

Dass wir alle Protagonisten eines Traums sind.

Diese und Tausende anderer Entsprechungen existieren, aber die Elemente, aus denen sie sich zusammensetzen, lassen sich unter keiner Regel fassen. Jeder Traum erschafft sein eigenes symbolisches Material und verwendet dafür manchmal jahrtausendealte Muster und geschichtsträchtige Bedeutungen. Was er aus der Einzigartigkeit eines Wunsches oder eines Schicksals schöpft, vermag niemand zu sagen, denn es ist der Träumer, der sich, wenn er sich an seinen Traum erinnert, eine Traumgeschichte erzählt. Was ihm dann einige Tage oder Monate später davon bleibt, bildet ein Ferment, das so subtil ist wie der Traum selbst und die Vorstellungskraft des Träumers und den Zugang zu seiner geheimen Wunschmaschine nähren wird.

Sprache des Traums

… denn die Sprache ist es, die für uns alle »dichtet und denkt«, noch ehe der Einzelne es zum eigenen Dichten und Denken gebracht hat.
Ludwig Binswanger

Es gibt keine Erkenntnis über den Traum ohne Erzählung, d.h. ohne ein Anderssein, das abwesende oder geduldige Zuhören eines oder der anderen – selbst wenn dieser andere der Träumer selbst ist. In der Traumerzählung finden sich die Überreste einer Zeremonie, die Krümel eines großen Festmahls, an dessen Anlass wir uns nicht erinnern können. Jene Kulturen – insbesondere die indigenen – die diesen erinnern, haben die Grundsätze, nach denen eine Gemeinschaft im gemeinsamen Träumen wieder einen Sinn erhält, sorgfältig bewahrt. Für uns ist dies nur noch in der Analysesitzung möglich, dem Freund, Liebhaber, oder dem Unbekannten gegenüber, dem man nachts begegnet und dem man sich plötzlich anvertraut. Dennoch bleibt es eine seltsame Konstellation, die von der Wahl der Worte abhängt, vom gegebenen Zeitpunkt und der Dauer, die für das Artikulieren zur Verfügung steht.

Die Worte der Traumerzählung versuchen den Geschmack, die Atmosphäre und die Schwingung des Traums wiederzufinden. In ihnen lässt sich das unendliche Register der Wahrnehmungsvermögen des Schlafenden enthüllen. In der Analyse umfasst ein Traum nicht nur die in ihm vorkommenden Bilder, Empfindungen und Erinnerungen, sondern auch ganze Gebiete der Literatur und der Künste. Die Sprache, die die Psychoanalytikerin möglichst sanft und leise über die Worte des Traums stülpt, fügt ihm eine neue Substanz hinzu. Und je nachdem, auf welche Weise ein Traum vernommen, verändert oder ignoriert wird, verändert er seine Bedeutung, seine Wirkung und sein Territorium.

Der Traum schert sich nicht um Widersprüche

Die Logik des Traums beugt sich nicht dem Prinzip der Widerspruchsfreiheit. Die Erfindungen des Traums gehorchen nicht dem Prinzip, dass A nicht gleich Nicht-A ist. Im Gegensatz zu Aristoteles, der die Ordnung des Logos auf dem Prinzip der Nichtwidersprüchlichkeit und der Kausalität gründet, ist der Traumverstand post-aristotelisch. Weder die polysemantische Verwendung von Wörtern und Zeichen in einer Traumsequenz noch die Argumentation, der sie zu folgen scheint, oder die Logik, die sie stützt, gehorchen den Prinzipien, denen wir uns aus Gewohnheit zu beugen pflegen.

Der Traum bedient sich aller Arten von Wörtern: abgeschnittenen, durchgestrichenen, angedeuteten, getilgten, in ihr Gegenteil verkehrten. Sie sprechen für sich selbst oder übersetzen Bedeutungen in zahlreiche Register: Daten, Zahlen, Befehle, Listen, Plakate... Die Kreativität, die sie darstellen, ihre Anordnung in der Traumszene, aber vor allem ihre Wiedergabe in der Erzählung, die daraus gemacht wird, bilden eine Maskerade, die uns in ihrer »Gänze« nie zugänglich sein wird und auch nicht sein muss, da ihr Reichtum unerschöpflich ist. Diese Traumwörter schaffen eine *andere* Sprache, deren Vorkommnisse, Ellipsen, Wiederholungen, Metaphern und Anspielungen einen Text formen, der sich uns natürlich als ein Rätsel, vor allem aber als ein regelrechter Schatz des Seins präsentiert. Ihre Plastizität und die Vielzahl an Deutungen, für die sie sich eignen, machen den Traum zu einem magischen Gegenstand, das heißt zu einem Träger von Bedeutungen in Echtzeit. Gerade dann, wenn der Sinn außerhalb unserer Verstandesmöglichkeiten wirkt oder diese zumindest überschreitet, entsteht eine Art Über-Natürliches. Dieser Effekt lässt an Prophezeiungen denken. Der orakelhafte Charakter des Traums rührt von dieser neuen Sprache her, einer bedeutenden Instanz des Verstandes, deren Verwahrer, Wächter und Instrumentalist der Träumer in gewisser Weise ist.

Was, wenn die Missachtung des Prinzips der Widerspruchsfreiheit die Quelle einer widerständigen Kraft bilden würde, anstatt einfach nur eine *Hintertür* zu sein? Man könnte sagen, dass der Traum als guter Dialektiker Widersprüche aufrechterhält, indem er sie aufhebt. Der logische Widerspruch wird in der Traumsequenz durch die Elemente des psychischen Konflikts selbst transzendiert. Ausweglose Situationen werden auf magische Weise aufgelöst, unaussprechliche Wünsche werden bis ins Absurde getrieben, Traumata werden erneut erlebt und verarbeitet, selbst auf die Gefahr hin, dass der Albtraum die am tiefsten verborgenen Erinnerungen überlagert. Aber nichts wird dem Zufall überlassen.

Wenn die Traumtätigkeit erlaubt, einen bruchstückhaften Wunsch in der Stille der Nacht wieder zusammensetzen, *unterliegt* sie dann trotzdem der Verdrängung? Ist der Traum nur ein transgressives Mittel angesichts der moralischen Rüstung, die uns gegen ihn ins Recht setzen will? Ist das *Verfälschen* unserer Vorstellungen für unser Bewusstsein nicht sogar heilsam?

Wo ein Traum insistiert – wo der Krieg tobt, wo der Konflikt sich ausbreitet, wo der Schrecken sich unter den Zügen einer seltsamen Sanftheit verbirgt –, da verläuft eine Risikolinie.

An der Grenze zum Trauma

Die Worte des Traums spinnen im Traumgewebe eine Ursprungsgeschichte, die mehr oder weniger vergiftet, mehr oder weniger wohltuend, reinigend usw. ist. Voreingenommen konfrontieren sie das Bewusstsein mit einem vitalen Prozess, von dem es keine Kenntnis nehmen zu wollen scheint. Es ist, als würde der Wunsch, dessen Bote der Traum ist, wie ein Eindringling behandelt. Wie bei einem sinkenden Schiff dauert es oft viel zu lange, bis die Größe des Lecks erkannt wird. Es erfordert viel Mut, die Situation richtig einzuschätzen und gegen alle »Vernunft« einen anderen Weg einzuschlagen. Der Ausweg aus der Depression hat stets einen Preis: Es bedarf eines wachen Bewusstseins für die Gefahr der Abstumpfung –

während die Medikation dies gerade aus dem Blick geraten lässt – und der Bereitschaft, dem zu lauschen, was die Träume uns mitteilen.

Jemand ruft dich an. Es ist ein polnischer Familienvater, der in einem Dorf in der Nähe von Auschwitz lebt. Er teilt dir mit, dass er eine offizielle Einladung braucht, damit er und seine Familie von dort entkommen können. Dafür müsstest du dich aber bereit erklären, an seiner statt für einige Zeit dort zu wohnen.

Der Traum grenzt an das Trauma. Doch ab wann und wie lässt sich von einem Trauma sprechen? Wenn sadistische Phantasien zu Fleisch und Blut werden? Wenn ein Traum von der Inbesitznahme des anderen zum Mord führt? Wenn Besessenheit sich mit aller Macht entlädt? Klar ist: Wenn Hass das ist, was unserer Identität eine imaginäre Rüstung verleiht, wenn Scham generell mit Grausamkeit beantwortet wird, dann verfehlt der Traum seine Funktion der Sublimierung, d.h. als Operator des Symbolischen. Es fällt dem Kind schwer, zu akzeptieren, dass es nicht der einzige Lebensinhalt der Frau war, die es geboren hat, dass es als Kind vielleicht nur am Rande existiert hat. Die Leugnung dieser Realität und alle Formen der Flucht sind dann willkommen.

Der Traum konstruiert Szenen, in denen wir die heimlichen Helden sind. Trotz oder wegen aller Gefahr lockt er uns mit einem wiedergewonnenen Königtum. Eine junge Heranwachsende, die ihre Periode bekommt, sollte verstehen, dass es an der Zeit ist, sich von ihrer Mutter zu emanzipieren und sich einen eigenen Raum zu erobern, den sie nur ihrem eigenen Mut, ihrer eigenen Entschlossenheit und ihrem eigenen Lebensmut verdankt. Die Melancholie ist manchmal, so Jean-Pierre Winter,[17] ein Zeichen dafür, dass wir kapituliert haben und es wissen; sie verfolgt uns mit diesem Wissen, dass wir hätten kämpfen können und müssen, dass wir uns zumindest hätten auflehnen müssen, aber dass uns die Kraft dazu gefehlt hat. Weil sie dieses uneingestandene Wissen verrät, ist sie stets auch eine Wut.

Du hast alles verloren, deine Tasche, deine Papiere, du hast nichts mehr.

Wie können Träume hinter das verlorene Objekt der Melancholie zurückführen? Oft reicht dafür ein ganzes Leben nicht aus: Um geboren zu werden, müssen wir zunächst jene mütterliche Welt verlieren, die uns neun Monate lang getragen hat, jene mütterliche Stimme, die uns imaginiert, gefürchtet, besungen, erwartet und erlöst hat.

Wie kann man über den Verlust hinwegkommen, wenn nicht, indem man ihm zuvorkommt und ihm entgegengeht? Das Ich versucht dem Verlust zu entgehen, jeglichen Mangel um jeden Preis zu vermeiden, Zeit und Raum maximal auszufüllen, dem Bewusstsein alle Gründe schmackhaft zu machen, die es erlauben der Leere zu entgehen, die der andere hinterlassen hat, als er verloren wurde. Alles Übriggebliebene muss vergessen werden, auch wenn es uns schwerfällt, ja sogar widerspricht. Vermeidungsstrategien erfordern Listen. Wenn der Verlust an einem nagt, wenn das Wissen, dass das, was einmal war, nicht mehr ist, dann entsteht ein Gefühl des Ungenügens und der Schuld. Erneute Flucht vor der vollendeten Zukunft.

Natürlich kann man den Kampf annehmen. Man wird sich darin erschöpfen, ohne Frieden zu finden, aber man wird auch jedes Mal neue Kraft gewinnen. Kein Loslassen wird jemals ausreichen, um Frieden zu finden. Schließlich geht es darum, durch den Verlust hindurchzugehen, indem man weiter geht, als dieser reicht. Weiter bedeutet bis zu seinem Umschlagpunkt. Dies erfordert wie bei der Anamorphose einen Wechsel der Blickrichtung. Der Schädel in Holbeins Gemälde *Die Gesandten* wird unter all dem Gold tatsächlich sichtbar. Aber das ist nicht die einzige Umkehrung: Die Schönheit des Bildes offenbart auch die Faktizität der Melancholie im Angesicht des Erfindungsreichtums des Lebens. Der Traum erfüllt in gewissem Sinne diese Aufgabe. Er enthüllt den falschen Schein, deckt Wunschbilder auf, erfindet aber auch andere Vorschläge, andere, neue Figuren, die der Träumer noch nicht kennt.

Vorzeichen

In Allem wollt ihr verantwortlich sein! Nur nicht für eure Träume! Welche elende Schwächlichkeit, welcher Mangel an folgerichtigem Mute! Nichts ist mehr euer Eigen, als eure Träume! Nichts mehr euer Werk!
Friedrich Nietzsche, *Morgenröte*

Der Traum zwingt uns, uns mit dem *Unsinn* auseinanderzusetzen, indem er eine Inszenierung aus ganzen Mosaiken von Bildern, Tönen und (vermeintlichen) Bedeutungen entwickelt, von denen nur hier und da bloß marginale Anzeichen in unseren verlebten Tagen und Gefühle hervortreten. Der Traum wird ausgelöscht, verschluckt, vergessen oder gedehnt, er zwingt uns, mit dem zu leben, was sich unserer Vorstellung von uns selbst absolut entzieht. Er zwingt uns, uns auf die Suche nach dem zu begeben, was in einer solchen Absurdität Sinn ergibt. Ein Sinn, der nicht nur verborgen ist, sondern vollständig in uns lebt, ein Sinn, der in seiner eigenen Bewegung des zu Tage Tretens, in den Tagesresten, die er ausstellt, in der Falte zwischen Phantasma und Wirklichkeit, die er aufeinander hin beugt, die zerstückelte Wahrheit nicht nur einer Vergangenheit, sondern auch einer Zukunft trägt.

Der Traum ist ein »wunderbares« Vorauswissen. Auch in dieser Hinsicht ist er genial. Im strikten Sinne »dessen, der voraus sieht« kündigt er an, besser: er verkündet – wir werden sehen, dass er ein Abbild des Götterboten oder eines Märchengeistes ist, wie er in fast jeder Kultur zu finden ist. Eine Verkündigung übermittelt uns unsere eigenen Worte, als kämen sie von einem anderen. Sie ist die Stimme einer inneren Transzendenz. Die verzögerte Wirkung des Bewusstseins ermöglicht es dem Traum, über das zu berichten, was dabei ist, sich zu entfalten oder von Auslöschung bedroht ist (eine Somatisierung, ein Unfall), bevor das Subjekt selbst die Bestätigung dafür erhalten hat. Er sieht voraus, nicht im Sinne einer Kristallkugel, in der wir die Bedeutung eines bestimmten Ereignisses oder einer bestimmten Person für unser Leben ablesen können, sondern im wörtlichen Sinne einer Verkündigung – die Empfängnis einer kommenden Welt, die wir bereits in uns tragen und deren Voraussetzungen uns in der rätselhaften Selbstgegenwart des Traums gegeben werden.

II.

Vom Phantasma

Viele der Botschaften, die wir für undurchsichtige Botschaften der Wirklichkeit halten, sind nichts anderes als unsere eigenen. Das ist es, was für uns von der Welt der Götter erobert wird.
Jacques Lacan, *Die Übertragung*

Erscheinungen

Nach der griechischen Etymologie bedeutet φάντασμα Erscheinung, Bild, das dem Geist von einem Gegenstand dargeboten wird, Gespenst, Geist. Im Lateinischen wird die chimärische Bedeutung betont, das Bild des Phantasmas ist ein illusorisches, die Darstellung durch die Einbildungskraft trügerisch, die Erscheinung gespenstisch. Im 13. Jahrhundert nimmt das Phantasma endgültig die Bedeutung einer falschen Erscheinung an. Im Jahr 1832 schließlich findet man es in der medizinischen Fachsprache als gleichbedeutend mit Halluzination.

Das Phantasma hat also eine lange Wanderschaft hinter sich, bevor es sich im Gebiet erotischer Vorstellungen festgesetzt hat. Es hat mehrere Leben hinter sich. Von gespenstischen Erscheinungen bis zu gefährlichen Phantasien verläuft es entlang einer Horizontlinie, die es zwischen den Ufern und Qualen des Begehrens aufspannt. Der rätselhaften Grammatik des Traums setzt es das Wissen eines Zauberkünstlers entgegen, der seine Tricks vor den Augen aller vollführt. Mit dem Phantom, zu dem es nicht nur eine lexikalische Nähe unterhält, teilt es die Fähigkeit, uns zu überraschen, indem es in der Überblendung des Realen einen Zugewinn an intensiverem Leben bietet.

Seit die Literatur und insbesondere die englischen Schauergeschichten, den phantasmatischen Wunschbildern eine besondere Stellung eingeräumt hat, seit Photographie und Film ihnen Gestalt verliehen haben, grenzt ihre gängige Definition an die der kathartischen Vision. Nicht zuletzt, weil die Psychoanalyse diese Wunschbilder als ein Bekenntnis begreift, haben sie einen pathologischen Beigeschmack angenommen, auch wenn das erotische Verlangen gerade diesen flüchtigen Erscheinungen sein ganzes Schillern verdankt.

Haben die phantasmatischen Wunschbilder auch heute noch ein leichtes Spiel? Nie zuvor wurden sie so gehätschelt und auf allen möglichen Projektionsflächen ausgestellt. Sie gleiten über die glatte Oberfläche des Realen, das sie reflektiert und vervielfältigt: nirgendwo ein Bedürfnis, hinter den Spiegel zu treten. Mit Hilfe immer offensiveren Biotechnologien werden sie gehegt und gepflegt, tragen sie dazu bei, aus der Sphäre der Innerlichkeit einen rein prismatischen Effekt zu machen. Ähneln die Wunschbilder ihrer Epoche? Verändern sie ihr Wesen im Lauf der Zeit? Was ist der kollektive Anteil der Phantasmen, die ein Individuum aufnimmt und erhält? Ließen sie sich inventarisieren? Man wirft sie als Surrogate sämtlichen Medien zum Fraß vor, sie sind in jedem noch so unwichtigen Diskurs zu finden, sie mischen sich in die große Bildermaschinerie des globalen Marktes. Aber sind sie denn etwas anderes als Abbilder von Abbildern?

Die mit einer globalisierten Wirtschaft einhergehende allgemeine Verflachung des Geistes ist im Begriff, auch das Imaginäre selbst anzugreifen, denn dort hat die Arbeit der Freiheit ihren Ursprung. Man wird an Ihrer statt phantasieren. Sie müssen sich nur auf die kulturellen und werbewirksamen Stereotypen der billigen, vorzugsweise sadomasochistischen Erotisierung einlassen, die sich immer schneller verbreiten und kommerzialisieren. Man wird es Ihnen anbieten und Sie werden glauben, dass Sie über all das verfügen. Sie werden Ihren Bedarf steigern müssen und dafür wird jedes Bild gut genug sein. Es spielt keine Rolle, dass die Sinnlichkeit ihre Ansprüche an die Vorstellungen der Welt, der Körper, der Liebe und der Natur reduzieren muss, wenn sich die vorgefertigten Wunschbilder ohnehin alle gleichen und für jeden gleichermaßen gelten.

Und doch bildet das Phantasma eine Sprache, die – wie der Traum – vom Begehren spricht, eine Sprache, die so exponiert ist wie die des Traums geheim. Dabei ist sie nicht einfach schutzlos, sondern stimuliert alle Bereiche des Bewusstseins, alle Möglichkeiten der Vorstellungskraft, wofür sie – schließlich entstammen wir diesem Geheimnis – die vielfältigsten Kombinationsmöglichkeiten von Erotik, Verbot und Übertretung für sich zu nutzen weiß. Solange wir sexuierte Wesen sind (es steht vielleicht an, dass wir so weise sein sollten, zukünftig darauf zu verzichten), wird die Erotik und alle Variationen des Begehrens auch ein Denken sein, d.h. ein möglicher Zugang zum Geheimnisvollen.

Die Szenerie, die die Wunschbilder auf der geschützten Bildfläche des Bewusstseins entwerfen sind eine rein subjektive Projektion, deren Funktion es ist, Erregung zu produzieren; manchmal auch zu beunruhigen, indem sie an den Rand dessen gehen, was darstellbar ist. Die partiellen, flüchtigen blitzartigen, lebendigen, fließenden, aber auch entsetzlichen und grotesken Bilder, die unsere Phantasmen erschaffen, versuchen, das Unbeherrschte des Verlangens einzufangen. Im Gegensatz zu Träumen haben sie keinen direkten Zugriff auf das große Reservoir des Lebendigen, das das Bewusstsein in jeder Hinsicht übersteigt. Obwohl auch sie aus einer riesigen Quelle schöpfen, ist ihre Apparatur kompliziert und erfordert, dass die Vorstellungskraft kräftig an ihrer Aktivierung mitwirkt. Wunschbilder sind nicht bloße Träumereien, sondern entlang imaginärer Bahnen ausgestaltete Gefüge unserer

Triebe, deren Bedeutung nur dem Subjekt selbst bekannt ist. Zunächst scheinen die Wunschbilder im Dienste der Wiederholung zu stehen, Fetischismen zu stärken, das zu markieren, was in der Neurose »möchte« aber »nicht kann«. Erotik ist das, was sich vom Horizont des Begehrens her entfaltet, dieses aber nicht enthält, was auf eine präzise Algebra jenes ersten Moments der Welt in uns verweist und auf die Konfiguration, die dieser angenommen hat – gewissermaßen sein Brechungswinkel.

Wunschbilder unterhalten eine geheime Gemeinschaft mit der Lust: Sie tauchen auf, wenn das Subjekt ausgelöscht wird, zwingen es, seinen Platz zu räumen, lösen es im Ereignis auf. Erst unsere phantasmatische Fähigkeit erlaubt es allen Süchten und Überschreitungen, ihre Herrschaft in uns auszudehnen. Keine von ihnen könnten ohne die Wunschbilder auskommen, die uns die erste Dosis anbieten. Wenn Videospiele, mittels derer die Raffinesse des Krieges die Bildschirme erobert hat, unsere Phantasien in der Zurschaustellung einer Mythologisierung präsentieren, die umso schwerer wiegt, je mehr sie von einer Spitzentechnologie gestützt wird, können sie auch ohne unsere Zustimmung auf unsere Triebe einwirken. Da sie eine erhöhte Aufmerksamkeit und den Wunsch, anders zu sein, hervorrufen, indem sie beispielsweise das virtuelle »Leben« der Figur, mit der man sich identifiziert, vervielfachen, ordnen sie die Koordinaten unserer Vorstellungskraft ihrer Logik unter. Sie neigen dazu, die Spieler auf Klischees zu fixieren, von denen man befürchten muss, dass sie letztendlich die Fähigkeit des Subjekts, seine eigenen Phantasien zu produzieren, beeinträchtigen.

Zumindest in den uns zugänglichen Darstellungsformen verdeckt die massive Sexualisierung des sozialen Feldes heute eine immer offensichtlichere Kluft zwischen einer absoluten Obszönität und einem ebenso rigorosen Puritanismus. Wie sollte dies nicht zu einer Verarmung jener inneren Vorstellungen führen, in denen sich das Register der Erotik entfaltet? In dem Maße, in dem das Phantasma mit dem Eros verbunden ist, durchdringt es die Felder des Imaginären, der Scham und des Verbotenen, vermischt sich aber nicht mit ihnen. Es scheint zweifelhaft, dass das Sexuelle, abgesehen von dem Verbot, das es noch immer (aber wie lange noch?) darstellt, auch weiterhin das geheime Anagramm zukünftiger Epochen ist. Das »*no sex*«, das von einigen als neue Forderung oder sogar als Zeichen der Anerkennung zur Schau gestellt wird, wird vielleicht einst der Wahlspruch einer Epoche sein, in der man mit der Sexuierung und allem, was sie mit sich bringt, Schluss machen wollte.

Es ist schwierig, in Echtzeit über den sich vor unseren Augen vollziehen Wandel zu reflektieren. Er lässt sich an der Art und Weise ablesen, wie Wunschbilder heute zugleich gedeihen und im Schwinden begriffen sind. Während sie in allen öffentlichen und privaten Räumen zur Schau gestellt und zum Konsum angeboten werden, befinden sie sich in der subjektiven und individuellen Sprache, in der psychoanalytischen Praxis, beim Bettgeflüster und in der Literatur auf dem Rückzug. Das Phantasma wird aus dem Raum der Innerlichkeit verstoßen, durch den es sich in die Sphären der Intimität eingeschlichen hatte.

Aber solange wir sprechen und einen sexuierten Körper haben, wird das phantasmatische Wunschbild wohl jenes magische Glied bleiben, das das lebendige Begehren und die Möglichkeit des Realen, dieses zu empfangen, so wirksam miteinander verbindet. Wenn man von einer Situation, einem Objekt, einem Körperteil, einer Geste oder einem Ort sagt, durch sie würde »die Phantasie angeregt«, dann gestehen wir dem Realen die Kraft zu, ein Verlangen zu offenbaren, dem sie eine geheime Möglichkeit der Fixierung und der Wiederholung bietet. Wunschbilder versprechen uns die verinnerlichte Rückkehr des wahrgenommenen und dann verloren gegangenen Objekts, eines flüchtig erblickten und sogleich wieder verblassten Moments des Entzückens, einer sofort wieder ausgelöschten beunruhigenden Geste. Sie werden das Objekt der Begierde anhand einiger Bilder kristallisieren und uns auf eine Weise mit diesem verbinden, die weitaus wirksamer ist als jedes Versprechen, jeder Schwur und jede Liebesgeschichte. Sie werden jede Sprache durchdringen, solange wir sprechen und einen Eid auf die Wahrheit schwören, worin diese auch immer bestehe. Denn das Phantasma wirkt wie eine Offenbarung, indem es sich genau dort als Chimäre ausgibt, wo wir uns um Wahrheit bemühen, dort, wo wir uns ständig an Missverständnissen, Alibis, Vorwänden, kurz an all dem aufreiben, was uns zu Wesen voller Begehren und Hass macht, zu Wesen, die von Unwissenheit durchdrungen sind und darüber eine konfuse Kenntnis haben.

Der freien Intelligenz der Träume stehen die geordneten Spiele der Wunschbilder gegenüber. Beinahe alles unterscheidet sie: Der Traum ist ein Territorium, dessen Gesetze und Zeit wir nicht kennen, er kommt zu uns und entzieht sich, lässt uns von seiner Rätselhaftigkeit bewohnt zurück. Er gehört zu jenen Welten, zu denen weder unsere Erinnerung noch unser Verstand eine direkte Verbindung herstellen können, er entzieht sich unserem Willen wie auch dem vernünftigen Wissen um uns selbst. Die Wunschbilder hingegen üben ihre Herrschaft unter den Augen des Bewusstseins aus. Sie entfalten ihre Aussicht auf Empfindungen, Bilder und Gedanken, indem sie die Wirklichkeit wie eine negative Kehrseite erscheinen lassen, deren Ort sie sind. Sie untermalen jede Regung des Verlangens mit einem Abdruck, der sie festhält und ihre Konstitution verändert. Indem sie Tag und Nacht die Momente unseres Lebens miteinander verbinden, verleihen sie unserer Lust ein Gesicht. Ist die phantasmatische Aktivität nicht eben diese wortlose Fixierung eines Bildes? Es vollständig lesbar zu machen, hieße einzugestehen, dass man in der Zeit gefangen ist… Über einen Traum zu sprechen bedeutet, ihn fortleben zu lassen, denn sonst könnte er weder real mit sich in Dialog treten, noch sein Wissen preisgeben, wohingegen die Enthüllung des Phantasmas das fragile Gebäude des »Standbildes« und damit des Stillstands der Zeit gefährdet, auf dem es beruht.

Phantasma und Wunschbilder

Möglicherweise sind die phantasmatischen Wunschbilder etwas ganz anders als *das* Phantasma. Das Phantasma wäre dann eine geheime Figur, die nie als solche in Erscheinung tritt, eine Art mathematische Gleichung, so individuell wie die Augenfarbe. Entsteht es aus dem ersten Kontakt mit der Welt? Kommt es von noch weiter her? Das Phantasma ist nicht nur eine liebenswerte oder beängstigende Figur des Begehrens. Gewiss, es baut Freudenhäuser, die es von Zeit zu Zeit aufsucht, es zeichnet lustvoll Tangenten und Arabesken, kurz: Es erfindet *eine ganze Reihe an Wunschbildern*. Dennoch kristallisiert sich seine Macht in uns gerade in seiner erstaunlichen »medusierenden« Fixierung, in seiner zwanghaften und wiederholten Wiederkehr.

Der Traum enthüllt als Erster, aber nicht als Einziger, unsere Wunschbilder; das Phantasma kann jedoch nicht durch ihn allein ans Licht gebracht werden. Der Traum öffnet den Zugang zur Krypta, in der wir jene Gespenster und Geister finden, die den eigentlichen Ursprung des Wortes »Phantasma« bilden. Wenn das Unbenennbare und die Grausamkeit, die es durchdringt, in unseren Träumen Zuflucht finden können, dann ist *das* Phantasma jenseits von Gut und Böse, es durchläuft alle Figuren wie ein Sade'scher Text, aber es legt sich auf keine fest. Es entfaltet noch die außergewöhnlichsten, leuchtendsten Eingebungen und bietet Stoff für die Kreationen und Formen der Sublimierung, deren geheimer Grund es ist.

Die Wunschbilder sind die Echokammer *des* Phantasmas, das in Versalien geschrieben werden müsste, wenn wir damit nicht Gefahr liefen, es in den Rang Gottes zu erheben. Das Phantasma wird nicht von uns erdacht, es ist jenes Bild, das sich vielleicht ganz am Anfang unserer Beziehung zur Sprache in den Brüchen des Klangs, der Stimme, des Atems errichtet. Dort, wo unablässig etwas entsteht – in der Begegnung mit dem Realen. Wir können nicht glauben, dass wir auf der Welt sind… Das Phantasma dominiert uns, es erweitert jeden Hautkontakt, jeden Blick, jede Gabe auf eine Weise, die die Wirklichkeit übersteigt, ohne dass es mit ihr in Kollision geriete.

Das Phantasma ist gespenstisch: Es stammt aus einer anderen Welt. Es entsteht mit unserer Geburt, vielleicht schon vorher, während der ersten Begegnungen unseres wünschenden Wesens mit der Welt der Mutter; es entfaltet sich in den Zwischenräumen des Mangels, der Frustration, der Erwartung, in den Lücken des Traums, der ersten Berührung, den ersten Empfindungen, den ersten Visionen – alles Erfahrungen, die eine Gleichung mit mehreren Unbekannten bilden, deren Elemente (ihre Chiffre, könnten wir sagen) sich wie ein Anagramm in all unseren Wunschbildern wiederfinden. *Das* Phantasma ist, im Gegensatz zu unseren zahlreichen Wunschbildern nicht etwas, das wir uns nach Belieben zurechtbiegen können, vielmehr wird es sich in unsere geheimsten Spiele mischen, unsere Struktur und Identität untergraben und unsere Abwehrkräfte herausfordern. Es wird gerade das, was wir uns unterwerfen wollen, außer Reichweite bringen. Dort, wo es klar sichtbar sein sollte, verschwindet es. Es kümmert sich nicht um das Subjekt, es ist der Intellekt einer Beziehung, eine verkörperte Gleichung. Es wirft uns auf die Unveränderlichkeit jener Schemata zurück, die wir systematisch wiederholten.

Wir möchten uns ganz nach unserem Belieben dem Vergnügen hingeben, ohne zu verstehen, dass sein Ritornell und Refrain, wie Deleuze uns gezeigt hat, nichts anderes als eine Beschwörung des Todes sind. Das Ich stößt auf seiner Suche nach Lust auf das Phantasma, das ihm Widerstand leistet. Das Phantasma hat einen Pakt mit der Lust geschlossen, der nicht über das Ich vermittelt ist. Dieser Pakt stellt die Identifikationen in Frage, die uns ausmachen und uns Sicherheit geben. Die Wahnvorstellungen der (sogenannten) Psychotiker offenbaren es ungeschützt, sie werden verfolgt von diesem Zuviel an Wahrheit, das ungefiltert zur Schau gestellt wird. Im Lacan'schen Paradigma würde man sagen, dass es sich dort um die Frage des Genießens jenseits der Lust handelt, welches durch das Phantasma umschlossen wird. Es nähert sich ihm umso mehr, je mehr es ihm entgeht, denn dort, wo das Genießen statt hat, gibt es kein Wunschbild, keinerlei Lücke mehr. Selbst in der größten Nacktheit kann das Phantasma noch eine Lücke zwischen dem Realen und dem Imaginären aufrechterhalten. Im Unterschied zur Lust, die mit dem Phantasma einen präzise choreographierten Pas de deux tanzt, hält sich das Genießen weder an einen Pakt noch an eine Ordnung.

In Form einer Spirale, die sich stets um die gleiche Achse windet und dabei immer höher steigt, organisiert *das* Phantasma die Triebvorstellungen, indem es, in nicht identischen Wiederholungen, Wunschbilder ausformt. Die Vielfalt dieser Ausarbeitung gründet in der Empfindsamkeit des Subjekts und der Art und Weise, wie das Subjekt diese im Gegenzug nährt. Man kann mittelmäßige Wunschvorstellungen haben oder ihrer ganz entbehren. Es genügt, dass die Triebe sie auflodern lassen, sie zwingen, Flamme oder Verwüstung zu werden, für sie Figuren erfinden, passgenaue Rituale und gezielte Wiederholungen. Die Triebe passen sich den Wunschbildern dergestalt an, dass das Wilde nie weit entfernt ist. Ich kann mir die grausamsten Wunschbilder vorstellen und doch bleiben sie stets Bilder.

Das Phantasma ist nicht von derselben Natur wie das Begehren, es ist weder Körper noch Sprache noch Trieb; es verhilft dem Trieb zur Darstellung, doch ist es selbst nicht darstellbar. Nach der Geburt sind die Wahrnehmungen des Kindes von einer noch stummen Bedeutung umhüllt, einer zukünftigen Macht, die Welt auszudrücken. Aber in dieser verbalen und sensorischen Hülle, in diesem allerersten *Fort-Da,* von dem sich noch kein Objekt abhebt, gibt es »blinde Flecken«, leer gelassene Räume (die Melancholie der Mutter, die Abwesenheit des Vaters, Geheimnisse ...), durch die die Welt das Kind erreicht. Dieses Staunen über die Unzulänglichkeit der Welt empfinden manche Kinder stärker als andere. Die Poesie übersetzt diese Verwunderung, die nie versiegen wird, die keine Verdrängung je besänftigen oder auslöschen wird. Wir befinden uns hier in den gefährlichen Gefilden der Metamorphose. Alle Kunst dreht sich um den Schrecken dieses ersten Weltverhältnisses – durch den sie in die Welt gekommen ist. Die Entstehung und die geheime Konstruktion des Phantasmas beziehen sich – noch vor jeder Möglichkeit der Erotisierung der Körper – auf diese Begegnung und auf nichts anderes. Diese Mathematik (das, was Lacan »das Mathem« nannte), bewahrt das Geheimnis um das Rätsel ihrer Chiffre während unseres gesamten begehrenden Lebens.

Double

Das phantasmatische Wunschbild ist das imaginäre Double des begehrenden Körpers, so wie der Traum das imaginäre Double unseres Seins in der Welt ist. Phantasierend wird der Körper zu einem anderen. Der »natürliche« Körper wird von einem imaginierten, erahnten, betrachteten Körper – einem Wunschkörper – überlagert, und sein fleischliches Territorium verändert sich entsprechend der Reichweite dieser ursprünglichen Prägung. Von seiner Zeugung an wird er durch den anderen bestimmt (Verlangen oder Ablehnung, Gewalt, Akzeptanz...); in jedem Fall wird er imaginiert worden sein. Die Signifikanten, die ihn geprägt haben, die Worte, die er empfangen, die Erwartungen, die er geweckt, die Enttäuschungen, die er hervorgerufen hat, und sogar sein äußerer Anschein werden die Substanz dessen bilden, was ihn eines Tages als Liebeskörper herstellen wird. Barthes erwähnt diesen Liebeskörper in den *Fragmenten einer Sprache der Liebe,* Lacan in seinem *Seminar VII,* um nur diese beiden Texte zu nennen, die emblematisch sind für die Beziehung einer Epoche zum Begehren. Beide haben versucht, den Körper in seiner Beziehung zum Begehren des anderen zu verstehen, insofern er einem Gesetz unterworfen ist, das ihn enthüllt, indem es ihn enteignet.

Wie kann sich der Liebeskörper vom Körper des Säuglings, von der ersten umsorgenden Pflege, den Liebesbekundungen, Klängen und Rhythmen, die ihn zum Teil gebildet haben, lösen? Lässt sich der begehrte Körper im Echoraum des Phantasmatischen fassen, weil er uns in die erste Zeit des Lebens zurückführt, die wir vergessen haben? Was geschieht, wenn Schrift, Musik, Träumereien, Erotik sich seiner bemächtigen? Wenn das Denken ihn sich zu eigen macht? Es ist der Raum des von der Überschreitung durchdrungenen Körpers zwischen Lebens- und Todestrieb, Wirklichkeit und Lust, Loyalität und Grausamkeit, der das phantasmatische Wunschbild befreit, indem er es (Kunst-)Werk werden lässt.

Dieser ursprüngliche Weltbezug, dessen Sigle das Phantasma ist, wird von der Mutter eröffnet; eine Mutter, die, bevor sie Person wird, zugleich als vollkommen und fragmentiert gegeben ist.

Folglich kann diese Welt die besondere Beschaffenheit einer geliebten Haut sein, ein bestimmter Duft, ein Sonnenstrahl, der über das Parkett huscht, ein Knöchel, der hervortritt, die Reflexion eines Schattens, ein Blick, die Spiegelung des Himmels in einer Pfütze, eine Chiffre, eine Vorahnung, eine erschreckende Stille. Alles kann am Anfang des Lebens eine Welt erschaffen – danach wird es in der Regel vergessen. In gewissen Momenten der Einsamkeit findet man diese »Primitivität« (so würde Kierkegaard sie nennen) des Realen wieder. Dieselbe Ursprünglichkeit, die wir später unablässig in einer gewissen Form der Selbstabwesenheit verstecken, verleugnen, ertränken (in Alkohol, Drogen, Medikamenten) und die wir vielleicht erst wiederfinden, wenn wir von anderen menschlichen Erschütterungen getroffen werden (durch Unfälle, Liebe, Trauer), wenn die Wirklichkeit einem die Haut durchbohrt. Dann öffnen sich, wie bei einer authentischen künstlerischen Erfahrung und all der damit verbundenen Gefährdung, wieder ungeahnte Abgründe.

Das Phantasma ist die Matrix, vermittels derer Grausamkeit, Gewalt, Schrecken, aber auch Verwunderung, Ekstase und Verblüffung Bilder und Worte finden, um sich darzustellen, und die zu diesem Zweck *eine Vielzahl von* Wunschbildern konstruiert. Die Bilder sind ihre sichtbare Seite, sie bilden einen Vorrat an verfügbaren Sinneseindrücken; sie bringen diese erste, unsagbare Erfahrung von Szenen zurück, die, wenn sie sich miteinander vermischen, in unsere zukünftige Sprache, unsere Vorstellungswelt und unsere Erotik einfließen werden.

Wenn das Phantasma ein Substrat der unsere Beziehung zur Welt begründenden Erfahrung ist, dann wäre zu hinterfragen, ob die Sexualität wirklich seine einzige und ausschließliche Quelle ist. Folgt die Szenographie der Wunschbilder so oft Vorstellungen sexueller Überschreitung, weil der Sex den letzten Ort des Rätsels darstellt oder weil das Verbot in unserer christlichen Kultur seit zwei Jahrtausenden die Form des Eros angenommen hat? Sind wir nicht deshalb blind geworden für die vorherrschende Rolle des Sexuellen in der Entstehung unserer Wünsche? Wenn das Phantasma die vielfache und ausufernde Übersetzung all jener Bilder ermöglicht, die auf ein Darstellungsverbot verweisen, dann ist das Sexuelle vielleicht seine vergangene und gegenwärtige, aber nicht unbedingt deren zukünftige Gestalt. Von der sexuellen Revolution der 1960er Jahre ist in Bezug auf die (nicht nur) erotische Freiheit heute nur mehr ein blasser Rest übrig, längst herrscht eine Uniformität der Geschlechter, die sich von stereotypen Kleidungscodes und Verhaltensweisen bis zum »*no gender*« erstreckt. Wer könnte uns glauben machen, dass die ubiquitäre Pornografie der Bilder zu einer empfindsameren, aufregenderen, ausgefeilteren Erotik führt? Die durch unsere Wunschbilder übermittelten Triebe sind heute in ungeahntem Ausmaß von Beschränkungen befreit: unmittelbarer Lustgewinn, instantane Kontaktaufnahme und sofortige Befriedigung, die umso einfacher von statten gehen, je mehr sie technologisch gelenkt werden… ihr kreatives Potenzial bleibt eingespannt in den Raum, den man ihnen in diesem wiederholten Zusammenspiel einer mächtigen, wilden, gewalttätigen Innerlichkeit und einem Realen, das dieser mit der ganzen Stärke seiner Natürlichkeit begegnet, gewährt.

Unsere Wunschbilder liefern die Fluchtlinien, entlang derer wir vor dem anderen fliehen, indem wir zu uns selbst zurückkehren. Sie bilden eine stets bewegliche Horizontlinie zwischen dem Objekt/Subjekt unserer Begierde (imaginiert, erwartet, erhofft, gefürchtet) und uns selbst. Was könnte effizienter sein als die Schaulust? Der Blick bringt das Objekt des Begehrens, das sich stets anderswo befindet, auf Distanz. Er zieht sich auf seinen höchsten Punkt zurück, wobei das Begehren uns über sein Zurückgeworfenwerden hinwegtröstet, indem es unserer Erwartung einen definitiven Wert verleiht. Wenn das phantasmatische Wunschbild versehentlich seine Verteidigung aufgibt und uns mit der Gegenwart des Objekts der Begierde alleinlässt, müssen wir diesen Schlag gegen uns selbst abwehren. Wie sich in dieser schlummernden Katastrophe der Unerfülltheit keine Vorwürfe darüber machen, nicht alles in unserer Vorstellungswelt imaginierte auch gelebt zu haben? Welcher Trost schützt uns vor der Täuschung des Realen? Es bedarf einer großen Weisheit, um – wie der Traum – bejahen zu können, was ist. Die Leibniz'sche Ethik ist nicht jedermanns Sache.

Das Phantasma schützt uns so verlässlich vor der harten Wirklichkeit wie das Schwert, das Tristan und Isolde voneinander trennt, es bringt Hoffnung und Enttäuschung in Einklang, wie die unterschiedlichen Stadien eines Tauchgangs, von dem wir wissen, dass wir verändert zurückkehren werden – aber inwieweit? Der Fluchtpunkt, den es schützt, bringt unser Begehren ins Spiel. Wie können wir ihn uns ausmalen? Was tut er, wenn er unsere Realität ausschmückt, nicht um sie abzuwerten, sondern um sie zu feiern? Das Phantasma auf seine Funktion als immerwährenden Vorwand zu reduzieren, bedeutet seine Fähigkeit, jeden gelebten, aber auch jeden verlorenen Moment zu intensivieren, zu vergessen.

Das Phantasma soll durch den Körper des Liebenden zur Erscheinung kommen. Es durchzieht den Liebeskörper mit einer Lebensintensität, die weder Drogen noch Kunstwerke erreichen können. Einzig der Gesang reicht an sie heran. Es handelt sich um einen Körper, der die Welt in sich wiederentdeckt, um eine Wahrnehmungsfähigkeit, so stark, dass er selbst Imaginäres wird. Zweifellos ist diese Fähigkeit wahrzunehmen in erster Linie sensorisch. Es sind die Sinne, die ihren eigenen Verstand entfalten. Dieser durch und durch lebendige Körper ist wortwörtlich auferstanden, das heißt, er ist der Wirklichkeit ebenso gegenwärtig wie sich selbst. Er wird zum Zentrum und zur treibenden Kraft einer ständigen Transmutation, die jeden Gedanken auslöscht. Doch die Intensivierung riskiert einen Verlust der Persönlichkeit. Darin liegt ihre Gefahr. Es gibt tragische Traumata, ebenso wie es freudige Traumata gibt. Manch eine Kindheit ist so strahlend, dass sie dem Subjekt, das sich an jene unvergleichliche Intensität des Lebens erinnert, verwehrt, von dieser zurückzukehren oder sich von ihr zu lösen. Ebenso ist es mit dem Körper des Liebenden, das Trauma, das er durchlebt ist auch eine radikale Enteignung, nicht seiner Seele oder seines Wesens – im Gegenteil findet er diese vielmehr in sich gebündelt –, sondern seines vormaligen Körpers, der nun halb tot zu sein scheint. Der verliebte, einmal so intensiv präsente Körper ist verschoben, in einen unbekannten Raum verlagert: Die Gesten, die Bereiche des Erkennens sind dieselben, und doch hat sich alles verändert. Es ist, als hätte sich eine neue Grammatik der vertrauten Sprache des Körpers bemächtigt. Der Motor, der dies ermöglicht, bleibt verborgen. Das Phantasma ist sein Vehikel, sein Schutz und sein Verlust. Sein stummes Double.

Wären die Wunschbilder dann nicht nur ein System der Verfälschung, das das Individuum vor den Angriffen der Realität (»Das Reale ist, woran man sich stößt«, Lacan) und des Triebapparats schützen soll? Wie kann man sich vorstellen, dass sie nur funktionieren, indem sie anstelle des Wahren die Illusion setzen? Die Frage der Intensität ist entscheidend, denn die Intensität kennt keine Ethik: Was sich hier wie ein unauslöschlicher Abdruck einbrennt, folgt den Bahnen der Intensität, egal, ob wir verletzt oder geblendet, zu Boden geworfen oder in Höhen versetzt wurden – vom Standpunkt der bloßen »Macht« aus betrachtet hatte sie statt – und das genügt. Und genau davor möchte uns der Freud'sche »Todestrieb« schützen. Selbst auf die Gefahr hin, begraben zu leben.

Der Macht der Wunschbilder steht die Freiheit des Traums gegenüber. Wie nicht für immer aus einem Paradies stürzen, von dem wir alle wissen, dass es vergänglich ist? Wenn es ein Geheimnis des Phantasmas gibt, dann wird es dem Liebeskörper sein unauslöschliches Zeichen einprägen. Zu diesem Zweck rufen wir seine Fürsprecher an.

III.

Kreative Intelligenz

Das poetische Genie ist nicht die verbale Gabe
es ist die Weissagung der heimlich erwarteten Ruinen,
damit so viele erstarrte Dinge zerfallen, verloren gehen,
kommunizieren. Nichts ist seltener.

Georges Bataille, *Die innere Erfahrung*

Die Inspiration

Woher stammt die Inspiration? Ist sie von derselben Art wie der Traum? Entspringt sie am gleichen Ort?

In der griechischen Antike entstanden, in den orphischen Mysterien inszeniert, in den biblischen Erzählungen beschrieben, von den sogenannten primitiven Zivilisationen geschützt, wurde die Inspiration lange als Quelle eines Weltverständnisses angesehen. Das Subjekt überschreitend, aber von diesem kanalisiert, wäre sie der Präsenz des Göttlichen, dem Geist der Natur oder – uns näher – dem Realen verbunden, um einen für Lacan entscheidenden Begriff aufzugreifen, den er in seinen Schriften in einem der negativen Theologie ähnlichen Sinn verwendet.

Wenn der postmoderne Nihilismus keine Vermittlungsinstanz zwischen der heiligen und der profanen Welt akzeptiert, so bleibt die Inspirationsquelle des Dichters oder Denkers (jene Instanz, die Sokrates seinen *daimôn* nennt) ein Rätsel, das dem Traum gleichkommt. Auch wenn wir jeglichen Platonismus ablehnen, sind wir mit dieser Frage noch nicht am Ende. Dass die Inspiration so weit vom Begehren des dekonstruierten Subjekts und seiner ethisch-politischen Fragmentierung entfernt liegt, dass sie noch der Sakralisierung/Banalisierung des Sexuellen, wie sie die Psychoanalyse identifiziert hatte, fremd ist, macht ihre Geschichte aktueller denn je. Die Surrealisten haben insbesondere in der *écriture automatique* versucht, ihre Erscheinung festzuhalten – doch ohne Erfolg. Es ist, als verweigerte sie sich jeglicher Zuschreibung eines *modus operandi*. Anders als der Traum ergreift sie im richtigen

Moment Besitz vom Subjekt, das sie sucht und bereit ist zu empfangen. Sie scheint ein launischer Gast zu sein, der seine Gastgeber – ungeachtet all ihrer Verdienste – erwählt oder abweist. Der fast schlafwandlerische Wachzustand des der Inspiration »ausgelieferten« Subjekts besteht nicht in der paradoxen Abwesenheit von sich selbst, die der Traum gewährt, vielmehr scheinen die Art und Weise, wie sich die Bilder darstellen, ihr Auftauchen, ihre Verbindungen, die Metaphorisierung von Gedanken in Worte und Abfolgen, die sie musikalisch, malerisch oder schriftlich spendet, aufs engste damit verbunden zu sein.

Die Frage, mit der uns die Inspiration konfrontiert, ist – wie beim Traum – jene nach der Fürsprache. Wenn die im Traum aufgehobene Szene unsere individuellen Abgründe enthüllt, dann wäre die Inspiration der Tagtraum, der diese offenlegt, und zwar in Gestalt des poetischen Genies, der, wie diese, in Einklang mit dem Realen ist. Ist sie nicht der Ausdruck, den wir uns selbst gegeben haben für das, was uns durchdringt und uns dazu auffordert, mittels einer Tat oder einem Werk – und der Überschreitung einer durcheinandergeratenen Raumzeit, die diese implizieren – zu antworten? Die Inspiration findet ihre Verkörperung in einer von einem Subjekt verarbeiteten Form, eines Subjekts, das diesmal kein Träumer ist. Wofür die Inspiration eintritt, ist hier nicht der geheime Wunsch eines Subjekts, das das Rätsel des Traums beherbergt, sondern eine erweiterte Wahrnehmung der Welt. Nur wer sie anruft und auf ihr Kommen hinarbeitet, steht in ihrer Gunst.

Fürsprecher:

Genien, Daimonen, Engel

Wie kann man ein Wort wie Engel schreiben?
Ein solches Wort verdient man sich, es hat
etwas Unheimliches an sich.
George Oppen

Der Traum ist der allererste Fürsprecher. Er vermittelt zwischen der inneren Welt und jener, in die unser Verstand einwilligen kann. Der Traum sammelt Bilder des schlafenden Wesens, die sich im Gedächtnis und anschließend in einer Erzählung festsetzen können, wobei er es uns überlässt, sie in eine seltsame oder erschreckende Version zu verwandeln. Derart durchquert der Traum alle Anfänge. Jede Geschichte, die sich eröffnet – ob Liebesgeschichte, Krieg, Geburt – wird zweifellos von einem Traum begleitet. Jedes Ereignis, das sich ankündigt, ist Träger eines Traums; und somit einer möglichen Erzählung und deren Teilhabe. Diesem Traumverstand haben wir Autorität und Bedeutung verliehen, und aus ihm sind andere Figuren der Fürsprache entstanden, die es uns erlauben, die Welt zu erzählen.

Unsere Fähigkeit zu träumen begründete die Notwendigkeit, Erscheinungen Gestalt zu verleihen, die nicht länger nur Phantasmen oder Gespenster sein sollten. Man betrachtete derartige Erscheinungen als Gesandte oder Boten. Engel, Genien oder Daimonen bilden die Grenze zwischen der gegebenen und der kommenden Welt: Nachricht, Ereignis, Katastrophe, Revolution. Die Menschheit hat sich selbst diese Boten erschaffen, um ihrer Beziehung zum Leben in all seinen unglaublichen und undenkbaren Aspekten gewahr zu werden. Es ist, als müsse uns, angesichts eines undeutlich erahnten Ereignisses, ein verkündendes Wort von oben erreichen, um erhört zu werden.

Rilkes Wort »Ein jeder Engel ist schrecklich«, das die Zweite Duineser Elegie eröffnet, zeugt von der Erfahrung eines entscheidenden, weil unsere Vorstellungskraft übersteigenden Ereignisses. Wir haben dank dieser Figuren der Fürsprache, die immer auch als »Mächte« zu denken sind, Zugang zu einem Wort, dem wir eine Autorität verleihen, auf das es uns in der Konfrontation mit der kommenden Zeit beistehe. Und dieses ist »schrecklich« und somit »wunderbar« im Sinne des Mittelalters. »In der biblischen Geschichte«, schreibt Bossuet, »sind die Engel Führer, sie begleiten, kämpfen, lodern, offenbaren die richtigen Wege, als Engel des Unmöglichen sind sie Befreier, Meister des unendlichen Paradoxons«[18] wie Uriel im *Vierten Buch Esra*: »›Rede, mein Herr!‹ Und er sprach zu mir: ›Geh, wiegst du mir das Gewicht des Feuers, und misst du mir das Wehen des Windes, und rufst du mir den vergangenen Tag zurück?‹« Das Gewicht des Feuers ist in der Tat das Maß des Begehrens. Und vielleicht werden diese Figuren in einem bestimmten, sehr dunklen und noch bevorstehenden Moment der Geschichte verstummen, sprachlos angesichts des Ereignisses; oder es wird Träume geben, die nicht länger erzählt werden können und die dennoch das Faktum des Menschlichen darstellen, eines symbolischen Raums, der von niemandem kontrolliert werden kann.

Sind Träume *Sendungen*, in diesem schönen derrida'schen Sinne, so sind sie auch, oder noch viel mehr *Gesandte*, und so finden sie ihren Ausdruck in Gestalt der

Genien aus den Volksmärchen, der Engel des Alten Testaments, des von Sokrates angerufenen griechischen *daimôns*, oder auch der Geister, die zu schamanischen Zeremonien eingeladen werden.

Was ist ein Genius? Eine Art Gottheit, ein übernatürliches oder allegorisches Wesen. Das Wort stammt aus dem Lateinischen und bedeutet »Schutzdämon, der der Empfängnis, also dem Schicksal eines Menschen, vorsteht«), das wiederum vom altgriechischen »γεννάω«, »erzeugen, bilden«, abgeleitet ist, was sich in *Genese, Generation, Genesis, Genital, gens (Leute), Gen, Genius* wiederfindet. Ein Genius ist auch ein Geist oder Dämon, der an bestimmten Orten herrscht, und es gibt eine Vielzahl dieser phantastischen Figuren in Volksüberlieferungen und Märchen. Man fasst darunter auch ein (entweder freundliches oder böswilliges) magisches Wesen, das Einfluss auf das Schicksal der Menschen hat, oder im weiteren Sinne die Eigenschaft höherer Mächte, die sie befähigt, außergewöhnliche Dinge zu erschaffen, zu erfinden und zu bewirken.

In der antiken Mythologie ist der Genius ein göttliches Wesen, das über eine Führungs- und Beschützerfunktion verfügt und jedem Individuum eigen ist, dessen geistiges Wesen er symbolisiert und dessen Schicksal er vorsteht. Der Genius des Sokrates war sein *daimôn*. Nach der platonischen Lehre stellt er die Eingebung der Sterne dar, die den Denker an den Ort einer Wahrheit erinnert, den er bei seiner Geburt verlassen musste. Er ist auch der tragische Geist, der in der *mania* von einem Geist Besitz ergreift, um ihn zu verwirren oder in die Irre zu führen; sein Status schwankt zwischen dem Stellaren und dem Dämonischen. Er ist der Gesandte, der der Vernunft gebietet, wenn der Geistesblitz der Intuition sich ihrer bemächtigt.

Wie der Traum ist auch der Engel eine Figur der Fürsprache (vom lateinischen *intercedere,* hindurchgehen, durchschreiten), der eine aus der Höhe, der andere aus der Tiefe kommend. Das lateinische Wort *angelus* ist dem altgriechischen ἄγγελος, ángelos, »Bote« entlehnt. Evangelisieren bedeutet, die gute Nachricht verkünden. In der *Septuaginta* dient das Wort Engel zur Übersetzung des hebräischen ךאלמ, *mal'ākh*: Abgesandte eines Königs, und im weiteren Sinne: Auftrag, Aufgabe, die erfüllt werden muss. Als Geistgeschöpf, das in menschlicher Gestalt mit Flügeln dargestellt wird, bezeichnet der Engel mal einen himmlischen Gesandten, mal einen reinen Geist, der zwischen Gott und den Menschen vermittelt. Er ist ein Mittler, wie die Totenschädel in der kleinen Kapelle der Büßer in Neapel, an die man sein Gebet richtet. Die hebräische Tradition besagt, dass die *ruach,* der göttliche Atem, oder für die Griechen das *pneuma,* dem Menschen seine Verbindung zum Geist einflößt. In den biblischen Erzählungen erscheint der Engel zumeist im Traum, und wie dieser muss auch seine Botschaft interpretiert werden. Er stellt ein rettendes oder beschwörendes Wort zwischen den Menschen und sein Schicksal. Es ist dann am Betroffenen selbst, dieses auch zu leben.

Wie fern ist ein Engel? Wir wünschten uns, dass uns der Engel erscheint, da Gott selbst – wie man sagt – uns nicht antwortet. Dieses Schweigen Gottes lässt die Welt, die Toten und die Lebenden nicht in Ruhe. »Warum sind wir auf diese Weise gestorben?«, schreien die Toten. »Warum leben wir so wenig?«, klagen die Lebenden. Ausgehend von der durch dieses Schweigen gezeichneten Landschaft sind die Fürbitter allein mit uns.

Spätestens seit Nietzsche hat die Philosophie nicht nur den Horizont vom Tod Gottes aufgespannt, auch dem

Menschen selbst hat sie ein Ende zugewiesen. Nicht nur ist der, über Jahrhunderte vom Christentum beherrschte, hermeneutische Raum der Religion verschwunden, auch jener des Humanismus existiert möglicherweise nicht länger. Und doch bestehen die symbolischen Figuren der Fürsprache fort, und dies nicht nur in Handbüchern der Wahrsagerei oder schamanischer Initiationen. Sie scheinen noch immer die Frage der Sprache und des Verstehens zu verwahren, das heißt nach jenem, womit das Subjekt ohne sie in seinem Deutungswahn alleingelassen wäre, eingeschlossen in einer Welt ohne Echo, unfähig noch das eigene Wort zu vernehmen.

Auch wer weder an Genien noch an Engel glaubt, spricht mit ihnen; spricht mit sich selbst, als ob in ihm ein anderer wachen würde. Die intime Transzendenz des Traums, dieses Double des Selbst, das das Gebet herbeiruft, das die Einsamkeit der inneren Stimme aktiviert, das der Schriftsteller anspricht, das der Widerständige als seinen einzigen Meister anerkennt, ist eine der Figuren des Genius. In seiner Extravaganz stellt er das andere Antlitz des Traums dar, so frei wie jener, spricht er in ebenso rätselhafter Sprache. Er begegnet uns in der Nacht oder zumindest von der Seite des Realen her, wo man ihn am wenigsten erwartet. Er ist dieser »andere«, angesiedelt an der Grenze der Diskurse.

Durch die Stimme des Genius, des Engels oder durch den Traum spricht das Subjekt zu sich selbst wie von einem fernen Horizont. Es ist »inspiriert«. Diesen vermittelnden Stimmen, die es in allen Kulturen gibt, gehören göttliche wie teuflische Vorstellungen (der gefallene Engel), sowie Vorstellungen des Abjekten (der Versucher) an; sie haben sich gelegentlich mit der reinen Macht des Neutralen vermischt, aber sie sind nie verschwunden. Vielleicht liegt es daran, dass wir in Zeiten der Not darauf angewiesen sind, dass uns jemand antwortet.... Jene Stimmen, die wir den Auguren leihen, befinden sich bereits in den Träumen, machen ihre radikale Intelligenz aus.

Wie der Traum hält uns auch der Genius am Leben. Beide erlauben es der Vernunft, zu handeln. Sie helfen uns, nicht verrückt zu werden: vor Liebe, Kummer, Mordlust, Sex, Eifersucht, Schweigen, Unwissenheit. Sie betäuben den leidenschaftlichen Furor, diese Mythologie, die unsere Wahrnehmung wappnet; sie eröffnen unseren Trieben die Bühne einer möglichen Darstellung. Sie bilden die Grenze unserer geheimen Nächte, sie bewohnen den Raum des Unerfüllten und des Begehrens, sie sind der bewaffnete Arm jener Kämpfe, die zu unterstützen sie uns verpflichten. Als Verkünder bilden sie die Vorhut eines Weitblicks, den wir uns nicht zu eigen machen wollen.

Vom bösen zum guten Genius, von der Träumerei zum Albtraum, von der mystischen Vision zum kleinen, neidvollen Traum – man möchte meinen, dass es dort Grade der Weisheit gibt. Ja, wir könnten von Traum zu Traum, von Vision zu Vision fortschreiten, um dem zu lauschen, das zu vernehmen und das uns zu eigen zu machen, was wir vergessen haben – eine Intelligenz, die das Reale informiert. Im Gegensatz zum Phantasma, das dem Realen die unendliche Widerstandsfähigkeit des Imaginären entgegenstellt, erreicht uns die Inspiration des Genies über die Schützengräben der Zensur und der Vernunft hinweg. In Märchen fragt der Genius den Untertan: »*Che voi?*«, »was willst du?« Nur unter dieser Bedingung bietet er ihm seine Schätze an. Der Genius ruft zur Wandlung auf. Er macht aus dem Schuster einen Prinzen, aus dem Bettler einen König. Er gewährt demjenigen, der ihn darum bittet, die Erfüllung seines Traums. Aber man muss an seinem Wunsch festhalten, um seine Macht, das Schicksal abzuwenden, zu erproben. Der Genius soll für uns sprechen, damit das Wort zwischen uns den Ort wechselt. Wie der Traum kommt er, um die Verwirklichung dessen anzukündigen, was wir gerne aussprechen würden, aber nicht zu leben vermögen.

Auslöschungen

Wie der Traum nimmt der Gesandte in dem Moment einen Körper an, da er *sich selbst auslöscht.* Auch er ist ein Rätsel, das entschlüsselt werden muss. Werden wir auf diese Weise unserer Verkennung als sprechende Wesen gewahr? Unsere Alibis, Vorwände und Ausreden legen das jedenfalls nahe. Es scheint, als müssten wir, um uns selbst gehören zu können, die Autorität über unser eigenes Begehren anderen überantworten.

Es ist wie in der Analyse, wenn der Analytiker durch sein Schweigen und seine Aufmerksamkeit, allein durch sein Zuhören den Sprechenden vernehmen lässt, was er im Begriff ist zu sagen... Aber besteht der Preis dieser Selbstreflexion durch einen anderen, als ein anderer, nicht in dessen Verblassen, seiner wesentlichen und stets möglichen Auslöschung, seinem Vergessen.

Von daher auch die Flüchtigkeit der Spuren: Was dort erschienen ist, soll sich nicht einschreiben, es soll einfach nur vermitteln – zu einer Metapher werden, sich aussagen und verloren gehen.

Das Auslöschen ist auch den Genien und Engeln eigen, die sich, sobald sie erschienen sind, weder aus Sehnsucht noch aus Furcht festhalten lassen. Wer sind diese heraldischen Figuren unserer Träume? Wie sollten wir diese von uns geschaffenen Figuren nicht als chimärisch betrachten, die doch »von oben herab« zu kommen scheinen, sich aus der Radikalität eines Anderswo an uns wenden? Wir verleihen diesen Erscheinungen Autorität, ganz so, als hätten sie jahrhundertelang Macht über uns gehabt, bevor wir begannen, sie als Überbleibsel von Volksglauben oder als längst vergangene Vorstellungen abzutun. Und in der Tat: Wie kann man Jahrhunderte der Einfalt, des perversen Engelsglaubens oder des fadenscheinigen New Age vergessen machen, der aus der Figur des Genius eine ubiquitäre Redewendung gemacht hat, ganz so, als könnte alles »genial« sein? Wenn man jedoch bedenkt, dass diese Gesandtenfiguren aus der intimsten Beziehung des Menschen zum Wort (und nicht zum Glauben) hervorgegangen sind, ändert sich die Perspektive. Denn als träumendes Wesen müssen wir jede Beziehung zu uns selbst, die sich sonst in Wahnsinn oder Verwüstung gegen uns selbst richten würde, an andere mächtige symbolische Figuren delegieren. Dies ist die einzige Gewalt, die uns droht, wenn es keine Andersartigkeit mehr gibt, die das Geheimnis dessen, was uns von uns selbst trennt, zu verbildlichen vermag.

Verkündigungen

Nehmen wir die emblematischen Ansichten der Verkündigung: In den meisten Gemälden des Quattrocento wird der Engel Gabriel auf der anderen Seite eines Gatters gezeigt, das ihn sowohl von Maria als auch von einem imaginären Wald oder einer Stadt – von einem anderen Horizont – trennt. Er steht *an der Grenze*, in Erwartung gebeugt, als wäre er derjenige, der lauschte, gekommen, um etwas sehr Wertvolles zu empfangen. Wir werden nie erfahren, was die Engel von Fra Angelico in den Zellen des Klosters San Marco in Florenz Maria zuflüstern. Die Verkündigung zeigt einen Engel, eine Jungfrau und einen Garten. Eine Einfriedung, die so schön ist wie das Licht, das sie durchdringt, trennt sie voneinander. Die Welt draußen beginnt hinter den Palisaden, den Säulen, dem gefliesten Boden und den Schatten. Der Blick, der den Boten an Maria bindet, schließt die Ränder des Raumes über ihnen. Man soll diese Erscheinung betrachten, ohne sich dem Inneren dieses Kreises nähern zu können. Der Engel überbringt das Wort, das Maria über sich selbst nicht sagen kann. Die Menschheit braucht Figuren der Fürsprache, damit ein Wort oder ein singuläres Ereignis als nicht nur von ihr selbst stammend bezeichnet werden kann. Ein Gesandter bittet selten um etwas für sich selbst, er ist vielmehr der Verwalter eines Worts, das wir seit jeher vergessen haben. Das macht ihn zum Verwandten der Melancholie.

Der Engel ist ein Verhältnis zum Denken, das selbst ungedacht bleibt; wie der Traum lädt er sich selbst ein. Wir finden uns also wieder in äußerstem Stillschweigen, wissen nicht mehr, was wir begehren. Der Widerstand gegen das höhere, stärkere, intensivere Leben befand sich also nicht in der Wirklichkeit, sondern es befand sich in uns... Man erschrickt darüber, sich plötzlich über diesen so nahen Abgrund, diese kommende intime Veränderung beugen zu müssen.

In Genesis 22,11 erscheint »der Engel des Herrn«, um die Hand Abrahams zurückzuhalten, der sich anschickt, das Opfer zu vollziehen. Der Engel deckt ein mögliches Missverständnis auf. Abraham hört, dass Gott ihm sagt, er solle seinen Sohn opfern, aber was hat er gehört? Nun erscheint der Engel, um das Wort, das Abraham zu hören glaubte, zu unterbinden. Was wird hier auf die Probe gestellt? Was sagt uns dies über das Begehren des anderen – über unser eigenes Begehren in der Stimme des anderen? Der Engel setzt das tödliche Schicksal aus. Er tritt für das Unerhörte ein, er schafft Raum für das Unverhoffte. Er eröffnet einen Raum des Austauschs, der möglichen Substitution (von Worten, Sohn/Lamm...), damit es Leben gibt.

Der Gesandte ist auch ein Widersacher. Er bricht in die uns umgebende Leere ein. Die Abwesenheit von sich selbst, die Verblendung, das Fehlen der Welt. Wenn jemand sich ganz allein einer Prüfung stellt, dann steht der Engel ihm zur Seite. Er erscheint uns, so als würden wir ihn im Augenblick der Verkündigung entdecken; dieses Stück reine Präsenz, die uns gegeben wird, ohne dass wir es sehen können. Wir können nicht sehen. Wir tun so, als ob, wir erinnern uns, und was wir sehen, überlagert sich mit dem, was wir gesehen haben oder *zu sehen glaubten*. Stets legt das Gedächtnis seinen Filter über alles Wahrgenommene: Worte, Bilder, Dinge, Menschen. Als Warnung vor zukünftigen Ängsten erinnert uns das Prisma unserer vergangenen Erfahrungen stets an unsere Bindungen,

Verpflichtungen, Schmerzen. Der Gesandte zerbricht diese allumfassende Erinnerung, indem er sich zum Boten einer »Neuigkeit« macht, zum katastrophalen, das absolut Neue einleitenden Untergang der alten Welt.

Was sagt man über die Engel? Dass sie immateriell sind, ohne dass ihre Virtualität jenen der Bildschirme, der Ideen und Spiegelungen entspricht. Dass sie Verkünder sind. Dass sie weder lebendig noch tot sind, dass sie dem Reich der Ideen angehören. Dass sie manchmal (nicht immer) Embleme des Schutzes sind, indem sie über unsere Traurigkeit und unsere unmöglichen Geständnisse wachen. Dass sie Verwandte des Lichts sind. Das wir ihr Geschlecht nicht kennen. (Die Frage nach dem Geschlecht der Engel wurde bis zur theologischen Raserei diskutiert, aber kein Engel wurde je beim Ehebruch ertappt. Sind sie also geschlechtslos, eine Version des genetisch manipulierten Menschen? Weiß man jenseits der anatomischen Unterschiede überhaupt, was ein Mann oder eine Frau ist?) Auch sagt man, dass das, was sie unseren Augen entzieht, ihnen den Raum einer furchteinflößenden Weitsicht eröffnet. Schließlich wird eine Hierarchie der Engel erwähnt, in welcher der in Zeiten höchster Not zu den Menschen gesandte Schutzengel eine untergeordnete Rolle spielt.

Der Engel ist die Empfindsamkeit in uns, die sich an nichts gewöhnen kann, weshalb Verrückte und Kinder sein Erscheinen wahrnehmen, er ist jene reine, stille Vibration, die noch immer eine unübersetzbare Weise darstellt, die Welt zu erfahren.

Der Genius ist eine unheimlichere Gestalt als der Engel. Den Genien der Märchen wurde nicht das gleiche Schicksal zuteil wie den barmherzigen »Engeln« der weltlichen und der geistlichen Literatur. Als Figuren der magischen Inspiration ist man sich ihres guten Willens nie ganz sicher. Innerhalb einer Sekunde können sie den Helden in die schlimmsten Situationen stürzen. Die furchterregende Macht der Genien macht sie für die Menschen sowohl zu Gegnern als auch zu himmlischen Verbündeten. Manchmal werden sie geschickt, um den Helden auf magische Weise aus einer Situation zu erretten, die seinen sicheren Tod bedeuten würde. Doch ihr Eingreifen hat seinen Preis. »Bitte mich!«, sagen sie zu dem Helden, ob Kind oder nicht, auf den sie ihre Macht richten. Aber es ist nicht leicht, zu bitten... Bitten setzt voraus, dass man seinen Wunsch kennt. Der Genius gewährt uns seine Macht nur unter dieser Bedingung. Sich mit dem Geist zu messen, setzt eine innere Rechtschaffenheit voraus, die nicht selbstverständlich ist. Wie bei einem Traum geht es darum, in einen Kampf einzutreten, dessen Ausgang in unsere eigene Bekehrung mündet.

Der Genius ist eine Figur der Inspiration, mehr als der des Schutzes oder der Liebe. Er ist derjenige, auf dessen Besuch der Schöpfer hofft, ohne ihn zu erwarten. Er ist das Gesicht dessen, was ihm in der Beziehung zu seinen Werken vom äußersten Rand seiner Geschichte, seiner Vergangenheit, von all dem her, was er nur zu gut kennt, gegenübertritt. Er ist das, was sich manchmal am Ende einer exorbitanten Arbeit, manchmal ganz plötzlich wie eine Gnade einstellt.

Der Schutzengel ist theologisch gesehen eine späte Erfindung. Weder der Schutzengel noch der gute Genius behüten jemanden noch schützt der Traum den Träumer – es sei denn vor dem Wahnsinn. Oder vielmehr erscheint uns das, was er in uns bewacht, nicht würdig, bewacht zu werden. Wir möchten, dass er uns beschützt, wo es darum geht, eine zerbrechliche Freiheit zu gewinnen, dass er uns schützt, wo die Empfindsamkeit uns bei lebendigem Leib gehäutet zurücklässt. Wir möchten, dass er auf uns vertraut und uns Schritt für Schritt begleitet, wenn es keinen Trost gibt. Das Regime des Mitleids ist nicht das seine. Ganz im Gegenteil: Wir müssen dieses Wort, das der Mensch in einer obsessiven, gefährlichen Konfrontation an sich selbst richtet, empfangen können. Es ist unser Aufruf zur inneren Revolution, zur geheimen Wesensumkehr. Die Seele, so Platon, richtet sich neu aus.

Was wir als »Genius« oder »Engel« bezeichnen hat keinen anderen Zweck, als an unseren sehnlichsten Wunsch zu appellieren. Aber worin besteht dieser Wunsch? In dem, was der Traum umschreibt und was wir in dem Rätsel, das er uns aufgibt, so schwer erahnen können.

Man hat die späte Figur des Schutzengels erfunden, um das in uns zu bezeichnen, was vor Einsamkeit, Verlassenheit und jeder Form von Delirium geschützt werden möchte, um das zu benennen, was unerklärlicherweise die Vereitelung des Schicksals begünstigt.

Die Inspirierten

Als Wittgenstein Tolstoi liest, tut sich ihm plötzlich ein Weg aus der Willkür der Zeichen auf und er erkennt die mystisch-ethische Notwendigkeit, dass das Wesentliche verschwiegen werden muss. Diese Lektüre erscheint im Nachhinein als eine echte Bekehrung, die sein bisheriges Leben und Philosophieren grundlegend verändern wird. Seine selbstgewählte Isolation wird weitgehend missverstanden werden. Erlebte Wittgenstein eine »Heimsuchung«? Sein im *Tractatus* sichtbares kreatives Genie entging seinen Zeitgenossen und noch den größten Logikern wie Frege oder seinem Freund Russell. Er stieß sich an dem, was in der Sprache ohne Begründung ist, und so griff er die Metaphysik an, wie einen Baum ohne Wurzeln, der nur durch seine Zweige zusammengehalten wird. Als Student in Cambridge hatte Wittgenstein Russells berühmtes »Nashorn« und den Beweis seiner Präsenz in Zweifel gezogen, was ihm eine philosophische Freundschaft und den Respekt vieler Menschen eingebracht hatte. Doch dann kam der Krieg, die schreckliche Gefangenschaft in Russland, am gleichen Ort, an dem auch Dostojewski gefangen gehalten wurde und von wo nur wenige zurückkehrten. Die Schwierigkeiten der Familie zur Zeit des Krieges: zwei Brüder, die auf dem Schlachtfeld starben, ein weiterer – Paul, der Pianist –, dem ein Arm amputiert werden musste. Was für ein mit welchem Schwert bewaffneter Engel konnte ihn inmitten von Revolten, Hinrichtungen und Erschießungen von Deserteuren am Leben halten? Wittgenstein schrieb den *Tractatus* im Schützengraben, ein Heft auf seinen Knien. Das alte Wien brach in der Finsternis eines unter Toten begrabenen Jahrhunderts zusammen. Wer wachte über das Leben des Soldaten Wittgenstein, der den Tod seiner Brüder in seinen Knochen und das Schicksal der zeitgenössischen Philosophie in seine schlaflosen Nächte trug? Welche Inspiration konnte dieses Gemetzel überleben? Der Zweifel, dem er unsere Sprachspiele unwiderruflich ausgesetzt hat, bietet dem Denken keinen Trost. Nachdem er in Cambridge das meistbesuchte und revolutionärste Seminar geleitet hatte, das die Vorkriegs-Philosophie zu bieten hatte, war er am Ende seines Lebens beinahe nurmehr ein Namenloser in einem Provinzkrankenhaus. Nichts ist stiller als ein Anstaltsgarten.

Ist das schöpferische Genie das schärfste Bild des Selbstbewusstseins – gerade jenes Bild, mit dem wir so schwer übereinstimmen können? Wir sind so wenig bewusste Wesen, auch wenn unser seltsames Schlafwandeln Handlungen und Gedanken von furchteinflößender Intelligenz beinhaltet. Die meiste Zeit handeln wir entlang von Koordinaten, die einen unsichtbaren Pfad vorzeichnen, gehalten von Verpflichtungen, von denen wir nichts wissen wollen, im Reich der Feindschaften oder Triebanreize, die so vorhersehbar sind wie eine Mathematik, und das ist es, was wir »in der Welt sein« nennen... Ebenso ist das, was wir als Zeichen des Mutes an unser Herz heften, nichts anderes als ein blasser Abklatsch von Gefühlen. Gut möglich, dass Descartes so weit gehen musste, den Auflösungspunkt der Realität in sich zu meditieren, damit in ihm und für uns, seine Leser, so etwas wie das wache Bewusstsein eines Subjekts der Welt entsteht. Erkenntnis ist ein radikaler Aufbruch, kein Besitz, den man verwaltet, sie ist ein Zustand des Seins, der eine ebenso heftige wie subjektive, ebenso entscheidende wie leidenschaftliche »Neuorientierung« erfordert, im Dienst einer Entwicklung des Seins, die weitaus größer ist als das Ich. Hieraus, ganz nah am Traum, schöpft die Inspiration ihre Fähigkeit, uns einen Eindruck der Welt zu eröffnen.

Jeder hat einen Genius, sagte Sokrates, der im Inneren seines Namens, seiner Fähigkeit zu sein, schläft. Ist dieser Daimon, wie er meinte, das Gedächtnis des Intelligiblen in uns? Oder muss man seine Stimme im Gedächtnis der Geschichte und der verlorenen Abstammung erkennen? Ist er nur eine Stimme aus dem Jenseits des Grabs und des Lebens, eine Stimme, die von uns aufgefordert wird, die Wahrheit zu sagen? Die letzten Momente von Sokrates, wie sie von Platon berichtet wurden. Sein Todesurteil erinnert uns daran, dass ein Philosoph nicht in der Stadt leben kann, ohne beschuldigt zu werden, »die Jugend zu verderben«, getötet zu werden, wenn er nicht verzichtet. Sind die Exilierungen heute weniger brutal? Er fordert uns auf, uns ständig von jeder Doxa zu lösen. Der Daimon ist vielleicht jene Stimme in uns, die diesen Verzicht anerkennt. Eine versehentliche Erleuchtung. Unser Durst nach Wahrheit – Nietzsche hatte Recht darin – ist allzu oft der schlichte Wunsch, dass der Tod nichts ändern möge.

Nietzsches Freund hieß Peter Gast – treu über alle Maßen. Sie schrieben sich bis zum Vorabend des Tages, an dem Nietzsche in den Wahnsinn getrieben wurde. Die Stimmen und Halluzinationen setzen sich an den Bruchstellen fest, dort, wo ein Subjekt die Welt empfängt. Auch dort, wo der Wahnsinn einer zu lebhaften, zu weitläufigen Sensibilität als Rettung vor der scharfen Klinge der Realität erscheint. Die verfolgenden Stimmen, die der kreativen Inspiration so nahe stehen, sind ein oft tödlicher Begleiter.

Das Denken erfordert unendliche Geduld, das ist die paradoxe Bedingung seiner fulminanten Ausdauer. Die Musik verfügt über andere Arten der Beharrlichkeit. Nietzsche zollte ihr den Respekt, den er seinen Zeitgenossen nicht mehr entgegenbrachte. Vielleicht ist sie der Ort, an dem die Inspiration dem Geheimnis am nächsten kommt.

Arthur Rubinstein wurde 1913 in Lodz geboren. Man sieht ihn als Geiger, er ist Pianist. Erstes Konzert mit sechs Jahren. Eine von Pogromen gezeichnete Familie. Er führt Chopin in die Nachfolge Mozarts zurück, verhilft ihm zu seinem Recht, modern in seiner Einfachheit, seiner Sparsamkeit der Mittel, wo jeder Effekt unnötig ist. Wie viel Zeit braucht man, um sein Leben zu erfassen? Einen Augenblick oder viel mehr, unendlich viel mehr? Was ist die Dauer einer Bekehrung? Der Pianist beginnt zu spielen. Die Musik erklingt. Der einzige Ausweg spielt sich hier ab, zwischen den Wörtern, den Noten, der Interpunktion der Leerstellen und Zäsuren. Die Atmung wird sanfter, und weiter geht es. Die Berührung der Hände auf der Tastatur. Musik als unendliches Idiom der Empfindung. Eine Form der Transzendenz, ebenso intim wie die Sprache des Traums.

Die Nacht Pascals. Er heftet sich die Beschreibung einer Epiphanie wie die Erzählung eines Traums an seine Brust. Der Umgang mit der Welt ist nicht mehr derselbe, es ist ein Ereignis eingetreten, das alles Leben, vergangenes und zukünftiges, auf sich nimmt. Nichts kann einer solchen Überschreitung gleichkommen, die erlebte Freiheit ist hier grenzenlos. Es ist die Wendung des Nächstliegenden in das Maß des Unendlichen – ein umgekehrtes

Kaleidoskop, durch das jeder Punkt des Realen zum Kosmos wird. Die Nähe eines Gottes ist kaum notwendig, es ist das Ereignis selbst, das das Bewusstsein in Richtung der Unbegrenztheit gewendet hat.

Heimsuchung und Kindheit

Entstammt diese Fähigkeit zur Heimsuchung der Kindheit? Freud sagt, mit jedem Atemzug verdränge man das Kind in sich. Graben die Träume schon früh einen Schutzraum im Imaginären, in dem sich später die Inspiration entfalten kann? Oder ist es der Zufall einer intimen Erschütterung, die Wechselfälle einer Geschichte, das Ausmaß eines Exils, eine Beziehung zur Sprache, die die Möglichkeit einer Heimsuchung provoziert?

Man überwindet die Kindheit nicht, man lässt sie beiseite, um in Gedanken, Träumen und Erinnerungen zu ihr zurückzukehren – unsere gesamte Empfindsamkeit ebenso wie die Art und Weise, wie die Welt in uns einen Sinn gefunden hat, sind von ihr abhängig. Es gibt wilde Freuden, Geistesblitze und Verzichte, die uns ständig, ohne es zu wissen, mit der Kindheit verbinden. Diese Kindheit bewahrt die Blitze des Traums und verblasst wie dieser, bevor sie in einer stets fragmentarischen Erinnerung wieder aufgerufen wird. Die Fülle der dort einmalig erlebten Zeit verlässt uns nie. Zumindest wissen das die Künstler, die sich die Lebendigkeit dieser Zeit, in der alles beginnt und nie endet, erhalten – die Intensität jeden beliebigen Nachmittags voller Spiel oder gar Langeweile. Das Gefühl, dass alles zählt, die Beugung eines Schattens in der Augusthitze, der Lärm der Stadt hinter den Jalousien, wenn die Nacht hereinbricht.

»Du bist… eine Prinzessin, ein Schwan, ein Jaguar…« Von wo aus imaginiert sich ein Kind diese Bedingtheit, die kommende Zeit und die Ausdehnung des Versprechens? Aus dem Traum. Der Traum ist dort, wo die Welt wieder Körper und Licht erhält, in diesem Raum, der sich nicht auflöst, der das Versprechen selbst ist. Wo selbst der Albtraum noch ein möglicher Weg aus der Nacht ist. Danach müssen wir lernen, dass nicht alle Versprechungen erfüllt werden. Man muss lernen, nicht zu resignieren, man muss lernen, außerhalb der Kindheit einen Übergang zu erzwingen, in dem enttäuscht zu werden nicht so schlimm wäre.

Und wie dieser monströsen Angst nicht nachgeben, die uns in unseren Fesseln langsam erstickt. Das schöpferische Genie ist vielleicht eine Antwort auf diese Täuschung: die Wirklichkeit auf dem hohen Weg zu erreichen, und also den Zugang zu ihr durch die Erfindung einer Sprache zu transformieren.

Seinem Genie zu begegnen ist ein schweres Los, die Lampe in seiner Hand wirft immer größere Schatten. Sie sind das dunkle Doppel des Lichts der Inspiration. Als ob dieses Licht einer großen Dunkelheit bedürfe, um einen Teil der Realität zu erhellen. Der Zauber, den der Moment der Inspiration entfaltet, verdeckt die durch den Kampf mit der Leere, der Nacht oder der Absurdität verlorene Zeit. Man hat dies auch als Spleen bezeichnet. In der anhaltenden Verzauberung möchte man wie die Figuren von Duras sein, die in der von wilden Vögeln besiedelten Lagune des Gangesdeltas flanieren, ebenso verloren wie hellsichtig. Man möchte glauben, dass eine solche Welt noch existiert. Die Inspiration entsteht im Schreiben und erfindet eine perfekte Form für das, was es zu sagen gibt. Ihr Licht scheint dem Schriftsteller oder dem Maler von weiter her zu kommen als er selbst, aus den Gebieten einer unversehrten Kindheit, und zwingt sich ihm mittels einer geheimen Ordnung auf, der er gehorchen muss. Dieses Licht bringt furchterregende Dunkelheiten mit sich, die in gewisser Weise die Schuld sind, die der Dichter oder Schöpfer für diese Verzauberung begleichen muss.

»Komm, verlass alles und ändere dein Leben«. Ist der Gesandte nicht derjenige, dessen Botschaft ein Bruch und eine Ankündigung ist? Wenn er am selben Ort wie der Traum erscheint, trägt er dann nicht bereits den Bruch mit der vorherigen Welt in sich? Aber die Stimmen sind zuweilen auch rachsüchtig. Sie bedrängen den Betroffenen, suchen seine Nächte heim, bis er nicht mehr schlafen kann, und vermischen die Stimmen der Toten mit denen der Lebenden. Und manchmal treiben sie ihn in den Tod. Die kreative Inspiration kann in Gewalt umschlagen und dem Träumer keine andere Möglichkeit lassen, ihr Gastfreundschaft zu gewähren, außer ihn in einer unüberwindbaren Angst zu vernichten.

Man hat dem materiellen Leben die Mittel gegeben, uns zu schaden, uns vielleicht sogar auszulöschen, wer weiß? Wir haben unsere Pflicht, Heideggers Intuitionen weiter zu denken, noch nicht erfüllt. Schon jetzt zwingt uns die Fest-Stellung des Seins auf eine quantitative Logik zum erschöpfenden Handel mit Körpern und Ideen. Doch ein Denken, das auf Bedauern basiert, ist ein Fehler. Ein nostalgischer Fehler. Die auf uns zukommende Welt ist die einzige, die wir erleben können. Und während die Träume durch uns hindurchfließen, zerfallen ganze Teile unseres Gedächtnisses, unserer Anwesenheit bei uns selbst. Kann es sein, dass wir es so eilig haben, diese zu beenden? Die Traumzeit ist die einzige Zeit, die von keiner Macht beeinflusst werden kann, sie ist eine Reserve ewiger Freiheit, aber auch hier gilt: zu welchem Preis? Unsere ursprüngliche Unkenntnis unserer Vergangenheit führt uns immer wieder zurück an den Ort eines Verbrechens, das nicht stattgefunden hat, im Versuch, eine Geschichte zusammenzusetzen, die Bestand hat und die wir zumindest teilen können. Manchmal verfolgt uns ein Traum tagelang, genau wie eine Vision oder eine Eingebung. Wenn es in solchen Fällen möglich ist, das Leben in sich eindringen zu lassen, d.h. auf diese *Sendung* zuzugehen, sie zu kosten, zu entschlüsseln und zu ermessen, dann ist es gut möglich, dass sich die Chrysalide, die unser Wesen in den niedrigen Grenzen seiner Gewissheiten gefangen hielt, einen Spalt breit öffnen wird.

Zur Unzeit

Bei welcher Gelegenheit haucht uns ein Genie etwas von seiner geistigen Freiheit ein? In welchem Ausmaß kann ein Traum das Leben verändern? Formt die immaterielle Inspiration, die er verkörpert, unsere Erwartungen oder ist er nur eine Kristallisierung unserer Überzeugungen? Wie müssen wir wahrnehmen, damit der richtige Moment eintritt? Eile ist stets ein Fehler; Genies und Engel kommen immer zur Unzeit. In Erwartung zu sein ist keine Berufung, sondern eine *Geisteshaltung*.

Diese Figuren der Fürsprache zeugen von einer einzigartigen »Gegenzeit«. Im wahrsten Sinne des Wortes entziehen sie sich jeder bekannten Form der Verzeitlichung. Das poetische Genie kümmert sich nicht um günstige Umstände, es ergreift das Wesen, an das es sich wendet, in einer ihm eigenen Zeit, die das Leben des Subjekts ebenso gut zweiteilen und zerbrechen kann. Auch die Erzählungen über Engel drücken immer wieder das Unverhoffte aus, von dem sie umgeben sind. Ihre unverhoffte Ankunft.

Diese Besucher durchdringen, unser Lebensalter, wie der Traum selbst. Sie beschwören jeden Augenblick unsere Kindheit und unser Alter. Zugleich erinnern sie uns an unsere wesentliche Endlichkeit. Diese Figuren sprechen an unserer Stelle von einem notwendigen Exil. Verhaftet in einem wesentlich aus Wiederholungen bestehenden Leben, vergessen wir, dass wir Migranten sind. Wir bewegen uns von einer Sprache in die andere, sind unserer eigenen Familie und diesem Land im Grunde fremd. Wir erwarten vom Leben irgendeine Offenbarung, eine Veränderung unseres Zustands, aber außer in der erotischen Erregung erfahren wir nur in sehr seltenen Momenten die Gnade einer Rettung. Ist der Engel, mit dem wir glaubten, gesprochen zu haben, das Zeichen dieses Helfers, oder der Traum, der uns besucht hat? In manchen Momenten wissen wir, dass etwas in uns »sieht«, dass wir aufgefordert werden, zu sehen oder gesehen zu haben. Manchmal ist das Sehen grauenhaft. Diese flüchtige Wendung des Schreckens wird Albtraum genannt. Und wie nennt man die einbrechende Kraft dieses Schreckens? Kann ihre Benennung uns davon entlasten, dass wir allein für sie verantwortlich sind? Setzt diese einmal »ausgesprochene« Vision für uns tatsächlich die Verwirklichung des Ereignisses, das sie vorwegnimmt, aus? Den Vollzug der Angst, die damit einhergeht? Wie die Angst vor dem Tod, so hat dieses Ereignis seine eigene Zeit. Aber die Vision erlaubt keinen Zugriff auf die Zukunft, genauso wenig wie sie die verborgene oder traumatische »Wahrheit« der Vergangenheit enthüllt.

Angesichts des Umschlags der Inspiration kann uns eine grenzenlose Traurigkeit befallen. Weil sie einbricht und uns mit einem Raum der Ungelöstheit konfrontiert, den wir als solchen akzeptieren müssen, hätten wir es vorgezogen, nicht angerufen zu werden. Im Märchen ist die Begegnung der Figur mit dem (guten oder bösen) Dschinn eine oft beängstigende Bewährungsprobe. Es ist das aus der Kindheit kommende *»qui vive«*, das uns in Resonanz mit anderen Arten des Seins in der Zeit und in der Alterität treten lässt. Die Inspiration bewirkt an den Schnittstellen der Zeiten eine einzigartige, vitale Skandierung. Weil *der Gesandte*, das poetische Genie oder die Verkündigung eines Traums, in dieser Unvorhersehbarkeit liegt, die jeder Form von Dogma widerspricht, ist er Ausdruck einer unvergleichlichen Kraft, der keine Macht je etwas entgegensetzen kann. Nur gegen das Vorhersehbare kann man sich wappnen.

Luzidität

Und ist nicht unser Wachen ein hellerer Traum, sind wir nicht Nachtwandler, ist nicht unser Handeln wie das im Traum, nur deutlicher, bestimmter, durchgeführter?
Georg Büchner, *Dantons Tod*

Es ist nicht ungefährlich, nicht auf seine Träume, seinen Daimon oder den Engel zu hören, der für eine Sekunde hinter dem Zaun stehen geblieben ist, um uns Zeichen zu geben. Sind diese *Sendungen* nur eine gesteigerte Konzentration unserer Wahrnehmungen? Oder beschreiben sie auch die ständige Bewegung unserer Gedanken, die sich dem Beweglichen, dem Flüssigen, der Immaterialität von Zeit und Raum anzupassen suchen?

Die Klarheit ist dem Traum, dem Raum der Fiktion und der Verzauberung am nächsten.

Zu Beginn des 17. Jahrhunderts wurde dieses Wissen in Europa von einigen wenigen geteilt, darunter Cervantes, Shakespeare, Rabelais und Calderon. Der *désengano* der Spanier des Goldenen Zeitalters, dessen Sprache unter anderem von Quevedo geschärft wurde, entspricht nicht gerade einer Ernüchterung oder Desillusionierung. Wir hatten uns in eine chimärische Realität verliebt, in eine schöne Sache, und nun stehen wir mit nackten Augen vor dem, was die Welt ist. Wie können wir diesen Anblick ertragen, fragte sich Nietzsche, ohne in Ressentiments zu verfallen? *Desenganarse* ist ein anderes Wort für die Entblößung der Mystiker, die Entflechtung des Realen bis auf den Grund. Eine Reinigung vornehmen, aber wie? Wie nicht das Hirngespinst vorziehen, sich für die Illusion entscheiden? Das, was wir permanent auf die Oberfläche von Menschen, Dingen und Ereignissen projizieren, hat die gleiche Beschaffenheit wie das, was wir »das Reale« nennen. Was uns packt, uns verfolgt, uns bis zum Wahnsinn besessen macht, davon machen wir Bilder. Wir bevorzugen Verzierungen, Schrägbilder und Anamorphosen. In der Falte der Madonna, im stillen Winkel des Rezitators ganz am Rand des Bildes, dort, wo Gabriel, der Engel der Verkündigung steht, löst sich die Welt auf. Sie entweicht in ein gemaltes Außen, wo die Landschaft das strikte Äquivalent unserer intimen Brüche, unserer Umwälzungen, unserer unergründlichen Himmel ist. Das poetische Genie ist der große Erzähler des *désengano*, es spricht uns an jenem Punkt des Schlingerns an, an dem wir das Boot nicht stets aufs Neue ausschöpfen können. Er ist dieser Knick in der Realität, dieser Punkt der »Entbindung«, an dem die Illusion zerbricht, aber auch die des Ichs selbst. Die spanische Stimme des *désengano* flüstert uns zu, dass es eine seltsame Reise ist, sich von sich selbst zu lösen und sich selbst zu begegnen, in einer *mise en abyme*, am selben Ort.

Die Stimme des Genies ist traumwandlerisch, sie fängt nichts ein, sie ist von nichts ergriffen, sie fließt zwischen zwei Quellen, zwei Seiten der Sprache, wie das analytische Zuhören, wie vielleicht der Traum, bevor er erinnert oder wirklich vernommen wird. Die somnambule Stimme umgeht Hindernisse mit sicherem Schritt, durchquert die Nacht, ohne zu stolpern, im Inneren ihres schlummernden Universums. Sie kann ohne Schwindel einen Abgrund überwinden, sie kann in die am besten versteckten Kammern, in die am meisten belauerten Gebiete eindringen, aber wenn man sie mit einem Schlag unterbricht und der Zauber verfliegt, dann schweigt die Stimme und zerschellt an der so brutal erleuchteten Wirklichkeit. Die somnambule Stimme ist unsere innerste Stimme, aber sie ist auch die Stimme der Toten, die gekommen ist, um in uns zu beten, die Stimme der Dinge, die Stimme des Plötzlichen und Unerwarteten, die Stimme einer betonten Zeit, die weit unterhalb unserer kleinen Geschichten liegt – der Familien- und Geschlechtergeschichte. Die somnambule Stimme treibt uns aus dem Bett, lässt uns nachts aufstehen und nach einem Gegenstand suchen, den wir nicht kennen, an den wir uns beim Aufwachen nicht erinnern werden, der uns aber dennoch in diesem Moment teurer ist als alles andere. Die somnambule Stimme führt uns aus der Wärme der Laken in die kalte Nacht, als ob wir uns dort plötzlich wohler fühlen würden als irgendwo sonst, sie ist die Stimme einer Freiheit, die so viel älter ist als das, was wir als »uns« zugehörig erachtet haben, eines ganz neuen, gerade gefundenen Selbst. Die somnambule Stimme gehört jenem Grenzbereich an, in dem uns Genien und Träume überraschen.

Das Unverhoffte

Je angefochtener wir sind vom Nichts, das, wie ein Abgrund, um uns her uns angähnt, oder auch vom tausendfachen Etwas der Gesellschaft und Tätigkeit der Menschen, das gestaltlos, seel- und lieblos uns verfolgt, zerstreut, umso leidenschaftlicher und heftiger und gewaltsamer muß der Widerstand von unserer Seite werden.

Friedrich Hölderlin

Ein Engel, ein aus einer Scharade hervortretendes Genie, ein Traum – das, was an uns herantritt: das Unvorhersehbare selbst. Das, wogegen uns unsere vielfältigen Bindungen seit der Kindheit verteidigen. Man könnte sagen, dass sich der Traum in diesem dünnen, zerbrechlichen Raum befindet, in dem das, was stattfindet, unter Zustimmung geschieht, aber ohne, dass man es innerhalb der Grenzen des alten Ichs verstehen oder erfassen könnte. Es ist die Entfaltung dieses Raums selbst. Die Fähigkeit zur Wahrnehmung ist, ebenso wie die Intelligenz des Körpers, die unser Verhalten beobachtet und regelt, unendlich viel größer als das Selbstbewusstsein. Von der Wahrnehmung der Gegebenheiten des Realen aus, die das Gehirn aufzeichnet, brechen die Traumbilder auf in das wache Selbst.

Was kann der Traum? Sich einmischen. Träger einer Intelligenz sein, der wir Gastfreundschaft gewähren müssen. Dieses Zuhören ist ein Akt der Transmutation. In diesem Sinne sind wir die Besucher des Traums und somit in jeder Hinsicht zu Gast. Das Unbewusste ist eine Stilfigur für dieses dämmernde Halbdunkel, in dem sich das Bewusstsein bewegt, ohne gesehen oder wahrgenommen zu werden. Dennoch handelt es. Multiple Ellipsen des

Ichs. Figuren der Wiederholung. Dasselbe in einer Endlosschleife, man weiß, dass man darunter leidet, aber wie herauskommen? Kein klarer Ausweg in Sicht. Die Traumintelligenz setzt sich darüber hinweg und schlägt uns Auswege vor, die gleichermaßen Revolutionen sind.

Was ist das Unverhoffte? Die süßeste Gestalt des Unerwarteten, des Zufalls, der Begegnung? Es wurzelt in der Hoffnung und zerstört sie, während es sie gleichzeitig erfüllt. Das Unverhoffte ist eine Eigenschaft des Realen. Vielleicht die heftigste. Ist das der Grund, warum wir um jeden Preis verhindern wollen, dass sie einbricht? »Was passiert mit mir?«, fragen wir uns manchmal. So funktioniert das Unverhoffte: Es erfüllt kein Versprechen, sondern überschreitet es von allen Seiten.

Das Unverhoffte ist eine Umkehrung der menschlichen Zeit. Der Traum kommt von dort, aus dem Raum, der durch diesen innersten Bruch geschaffen wurde, dessen Nachhall draußen noch lange anhält, wie ein Feuer. Keine Übersetzung möglich, die Vergangenheit hilft nicht weiter, es gibt nur die Gegenwart, das Unvorstellbare. Vergessen, was man weiß, auf das Unverhoffte setzen. Sich auf die Nacht der Welt gründen und eine Sprache wählen. Wir wissen nicht, wo das, was wir sagen wollen, beginnt, welche unbekannte Sprache sich dort erlösen möchte. Und es ist der Traum, dem wir das Geheimnis dieser Unwissenheit anvertrauen, in der wir unser Begehren halten.

Wie schwer wiegen unsere Träume angesichts der Technisierung der Welt, ihrer wachsenden Feindseligkeit gegenüber den Lebenden, ihren Eroberungen und ihrem räuberischen Appetit? Wir operieren in der kollektiven Fiktion einer befriedeten Demokratie – ein sicherlich notwendiges Hirngespinst –, unsere Träume sind heute geschwächt, erschöpft durch den Mangel an Geduld mit ihnen. Der Engel, das Genie, der Traum sagen uns das. Keine hörbare Stimme, aber die Sicht wird verändert. Ein Schutzraum erscheint in der kaum erfassten Feindseligkeit der Welt. Was sich verändert, ist ein ganz leichtes Gefühl der Schwerelosigkeit. Begleitet zu werden ist weder ein Angriff auf die Einsamkeit noch die Illusion, gewiegt oder gar geliebt zu werden, nein, es ist eine Tonlage, die sich verändert, so, als ob man nach und nach eine vertraute Stimme aus dem Gerede heraushörte.

Der Traum entfaltet die Landschaft. Er lässt unter unseren Füßen verkehrte Städte auftauchen, Abweichungen in einem geregelten Weg, flüchtige Fenster, Baumgeflechte, durch die unbekannte Tiere streifen. Diese Landschaft ist die unsere, und doch halten wir sie für absolut fremd. Es gibt schmerzhafte Träume, die dem Liebeskummer ähneln, wenn der geliebte Mensch sich entfernt und man hilflos mit ansehen muss, wie er sich zurückzieht. Die Landschaft entledigt sich allmählich jeglicher Schwere und das Licht scheint aus dem Inneren der Dinge selbst zu kommen. Sie spricht von ihrer Abwesenheit, vom Licht, das vom Wasser gedämpft wird. Und dieser paradoxen Präsenz der Welt, die uns der Traum gewährt, gerecht zu werden, bedeutet, sich nicht nur auf das Hier und Jetzt (die Adverbien des Phantasmas), auf den Alltag zu beschränken, sondern von etwas überwältigt und bewegt zu werden, das uns vorausgeht und uns entwaffnet. Ist es unsere Beziehung zu diesem sogenannten spirituellen Ort, die jede Gewissheit von innen heraus verschiebt?

Wir erleben einen Wandel von beispiellosem Ausmaß, und es fällt uns schwer, ihn zu denken. Die Modi, mittels derer sich in unserer Kultur die Erzählungen als Orte der Erinnerung und der Schöpfung eingeschrieben haben, werden bald andere Formen annehmen oder verschwinden. Auch unsere Sprache selbst macht eine Metamorphose durch. Es geht nicht darum, so zu tun, als könnten wir zaubern, sondern darum, uns eine neue Grammatik der menschlichen Beziehungen vorzustellen – beispielsweise das Verschwinden der Übereinstimmung zwischen Sex und Gender –, und auch darum, die radikale Veränderung unserer Bindungen an das Objekt, also an das Begehren, an die Erinnerung, an die Zukunft, an das, was erhalten bleibt und ausgelöscht wird, an die Orte zu denken. Der Traum hat das außergewöhnliche Privileg, dass er, wie von Freud angenommen, *zeitlos,* außerhalb der Zeit ist, aber dennoch Zeit darstellen kann. Die Traumintelligenz ist also in der Lage, diesen Wandel in Echtzeit zu denken. Dass der Transhumanismus keine avantgardistische Idee mehr ist, sondern ein bereits abgenutztes, überholtes Wort, macht deutlich, was auf uns zukommt. Es ist unsere Präsenz in der Welt und – wer weiß – vielleicht sogar die Präsenz der Menschheit in der Welt, die sie hervorgebracht hat, die dieser Umbruch auf so radikale Weise in Frage stellt. Wir haben der Technik die Mittel an die Hand gegeben, über unser Begehren zu verfügen, unsere Bedürfnisse zu regulieren und unsere Visionen vorwegzunehmen, das heißt, uns zu denken. Wie können wir die Kontrolle zurückgewinnen? Wir werden von nun an auf der Suche nach Anerkennung sein, denn es ist unsere Souveränität, die wir auf dem Altar unseres Eroberungsdrangs opfern mussten. Es gibt nichts zu bedauern, außer vielleicht, dass diese Welt Gefahr läuft, nur noch dem Namen nach menschlich zu sein, so sehr droht der Wert des Lebens auf den eines Atems, einer in Auslöschung begriffenen Spur, reduziert zu werden.

Was können Träume bewirken? Diese Frage ist heute mehr denn je von entscheidender Bedeutung. Mit der Fähigkeit zu träumen, ruft der Mensch eine umfassende Intelligenz der Wahrnehmung auf, die das Bewusstsein in jeder Hinsicht übersteigt. Was die Intelligenz der Träume informiert und wovon Engel und Genien späte und meisterhafte Figurationen sind, ist ein immer wiederkehrender Aufruf zu einer Bekehrung, deren schöpferische Freiräume stets eine Kampfansage an die bevorstehende Schließung unbegrenzter Horizonte sein werden.

Anmerkungen

1 André Breton, »Erstes Manifest des Surrealismus«, in: *Surrealismus in Paris. 1919–1939,* hg. von Karlheinz Barck, Leipzig 1986, S. 91f.

2 Nicolas Abraham und Marie Torok, *L'Écorce et le noyau,* Paris 1978, S. 325ff.

3 Theodor W. Adorno, *Traumprotokolle,* Frankfurt a.M. 2005, S. 52.

4 Platon, *Timaios,* 71st, in *Platons Dialoge,* übersetzt und erläutert von Otto Apelt, Hamburg 1988, S. 109f.

5 »*Sokrates.* [...] Von den nicht notwendigen Begierden scheinen mir einige wider Gesetz und Ordnung zu sein; sie sind zwar vermutlich einem jeden angeboren; aber von den Gesetzen und den bessern Trieben im Bunde mit der Vernunft gehörig in Zucht gehalten, werden sie bei einigen Menschen entweder völlig ausgetrieben oder bleiben nur in geringer Zahl und schwach an Kraft zurück, bei anderen dagegen entwickeln sie sich zu um so größerer Kraft und Fülle.

Adeimantos. Und was sind das für welche, die du dabei im Sinn hast ?

Sokrates. Diejenigen, die sich im Schlafe regen, wenn der andere Seelenteil, der vernünftige nämlich und gesittete und über jene herrschende, ruht, während der tierische und der Wildheit ergebene, mit Speise oder Trank gefüllt, sich vor Unbändigkeit nicht zu lassen weiß und den Schlaf abschüttelnd loszustürmen und seinen Trieben zu frönen sucht. In solchem Zustand scheut er bekanntlich, bar und ledig jeglichen Schamgefühls und jeglicher Besinnung wie er dann ist, vor nichts zurück. Denn er bedenkt sich keinen Augenblick, der eigenen Mutter, wie er wähnt, beizuwohnen oder irgend welchem anderen Wesen, sei es Mensch, Gott oder Tier, und jede Blutschuld auf

sich zu laden und jeder Speise zuzusprechen. Mit einem Wort: es gibt keine Unvernünftigkeit und keine Schamlosigkeit, auf die er sich nicht einläßt.
Adeimantos: Das trifft durchaus zu.
Sokrates: Wenn dagegen – so will mir scheinen – jemand in gesunder und besonnener Seelenverfassung sich zur Ruhe begibt, nachdem er den vernünftigen Teil seines Ich zur Tätigkeit angeregt und mit schönen Gedanken und Betrachtungen gesättigt und so seinen Geist zur denkenden Beschäftigung mit sich selbst geführt hat, den begehrlichen Teil dagegen weder dem Mangel noch der Übersättigung ausgesetzt hat, auf daß er Ruhe halte und dem besten Teil nicht etwa störend in den Weg trete durch den Ausbruch von Lust oder Schmerz, wenn er vielmehr dies sein Bestes völlig rein für sich der Betrachtung sich hingeben und bestrebt sein läßt, etwas wahrzunehmen von dem, wovon er bisher noch kein sicheres Wissen besitzt, sei es etwas Vergangenes oder Gegenwärtiges oder Zukünftiges, und wenn er in gleicher Weise den zornesmutigen Teil besänftigt hat und nicht etwa nach heftigen Zornesauftritten mit anderen sich aufgeregten Gemütes schlafen legt, sondern nach Beruhigung der beiden anderen Teile und Anregung des dritten, also desjenigen, dem die Einsicht innewohnt, sich zur Ruhe begibt, so wird er in solchem Zustand, wie du dir selbst sagen wirst, am besten die Wahrheit erfassen und seine Traumerscheinungen werden am wenigsten sündhaft sein.« (Platon, *Der Staat,* 571–572st, in *Platons Dialoge,* S. 352f.

6 Platon, *Gastmahl,* 202d-203a., in *Platons Dialoge,* S. 47.

7 Ludwig Binswanger, »Traum und Existenz II«, in *Neue Schweizer Rundschau* 10 (1930), S. 766f.

8 Georg Wilhelm Friedrich Hegel, *Vorlesungen über die Geschichte der Philosophie I,* Werke 18, Frankfurt a. M., S. 334.

9 René Descartes, »Meditationes de prima philosophia / Meditationen über die Grundlagen der Philosophie«, in: *Descartes philosophische Schriften in einem Band,* Hamburg 1996, S. 161.
10 René Descartes, *Briefe. 1629–1650,* übersetzt von Fritz Baumgart, hg. von Max Bense, Köln und Krefeld 1949, S. 56f.
11 Conrad Stein, *Le Monde du rêve, le monde des enfants,* Paris 2011, S. 300.
12 Sigmund Freud, *Die Traumdeutung,* a.a.O., S. 160 (Hervorhebung AD).
13 Vgl. ebd., S. 250.
14 Ludwig Binswanger, »Traum und Existenz II«, a.a.O., S. 778.
15 Siehe das bemerkenswerte Werk von Catherine Malabou zu diesem Thema: *Les nouveaux blessés. De Freud à la neurologie,* Paris 2007.
16 Freud, *Die Traumdeutung,* Studienausgabe Bd. 2, Frankfurt a. M. 1982, S. 503 (Hervorhebung AD).
17 Vgl. insb. Jean-Pierre Winter, *Choisir la psychanalyse,* Paris 2010.
18 Jacques Bénigne Bossuet, *Sermon sur les Anges Gardiens,* Paris 2005.

Titel der Originalausgabe:
Intelligence du rêve

ISBN 978-3-0358-0480-5

Satz und Layout: 2edit, Zürich
Druck: Steinmeier, Deiningen

www.diaphanes.net